本书得到2022年度黑龙江省博士后科研启动资金项目
"我国养老保险'三大支柱'协同发展研究"的支持

养老保险第三支柱发展的财税激励政策研究

郑 岩 ◎著

Research on Financial and Tax Incentive
Policies for the Development of
the Third Pillar of Pension Insurance

中国财经出版传媒集团

经济科学出版社
Economic Science Press

·北京·

当前，全球各国都经历着人口老龄化的重大冲击，人口老龄化严重影响着各国养老金财务的可持续性和养老金体系的发展，各国政府纷纷结合自身国情对养老金及相关制度进行改革调整，其中最重要的是按照世界银行提出的养老保险体系多支柱理论，鼓励和支持私人养老金发展，建立多层次养老保险体系，通过财税政策激励个人养老金发展成为全球养老金制度改革的重要共识和普遍做法。

我国于 2000 年开始步入老龄化社会，2021 年已经正式迈入"老龄社会"，养老金体系长期过度依赖的第一支柱基本养老保险在运行中面临诸多困难，养老保险第二、第三支柱因发展不足而难以发挥补充养老功能，因而我国养老金体系的可持续性面临重大挑战，亟须借鉴国际经验大力推动养老保险第三支柱发展。2022 年 4 月，养老保险第三支柱终于迈出了最重要的一步，国务院办公厅印发《关于推动个人养老金发展的意见》，人社部等五部门于 2022 年 10 月联合印发

《个人养老金实施办法》，并于 2022 年 11 月 25 日开始在全国 36 个先行城市（地区）启动实施。试点运行一年多来，全国个人养老金账户人数超过 5000 万人，缴存金额约 280 亿元，但个人养老金"开户热、缴存冷"现象依然存在。其中，税收优惠政策作为第三支柱个人养老金发展的重要引擎，受到社会各界的广泛关注。根据养老金融 50 人论坛发布的《中国养老金融调查报告 2023》，仅 14.2% 的个人养老金账户开立者满额或接近满额缴费，小额缴费的人群占比也相对较多，税收优惠力度不足被视为一个重要制约因素。

2024 年《政府工作报告》提出，在全国实施个人养老金制度，积极发展第三支柱养老保险。在此背景下，探讨个人养老金的税收优惠政策对居民参与个人养老金计划、购买个人养老金产品到底有多大吸引力，尤其是个人养老金税收优惠政策还存在哪些不足及未来如何进一步调整完善，便成为重要而且迫切需要研究的课题。

基于此，本书遵循"理论分析—实践历程—国际经验—政策建议"的研究思路，对目前我国养老保险第三支柱尤其是个人养老金财税支持政策进行系统梳理和问题分析，结合各国运用财税政策激励养老保险第三支柱发展的经验做法，提出了优化我国养老保险第三支柱发展财税激励政策的建议。一是做实第三支柱财税激励政策实施的制度基础，包括畅通三大支柱间资金流动、建立自动加入机制、适时推行年金化领取、强化个人养老金监管。二是坚持效率与公平兼顾、二三支柱统筹激励、量力而行与循序渐进、规范运行与便利性并重等原则，构建多方式、广覆盖的财税激励体系，打通二三支柱财税优惠政策，提升第三支柱财税激励政策的实施效果。三是大力推动商业养老保险发展、强化养老金融政策激励，为第三支柱财税激励政策作用的充分发挥提供保障。

本书的写作和完善参考了大量国内外相关领域的文献资料，得到了部分专家学者的指导指点，在此一并致以真挚的感谢。本书的出版得到了黑龙江省博士后科研启动资金（项目名称：我国养老保险"三大支柱"协同发展研究）的资助。本书在写作过程中，王炜烨、郭嘉文、杨金月、张笑涵、张月盈同学承担了大量资料收集、整理以及文字校对工作，经济科学出版社初少磊、尹雪晶编辑给予了耐心的指导和帮助，特此致谢。

　　由于著者水平有限，书中难免存在疏漏与不足之处，恳请广大读者批评指正。

郑　岩

2024 年 4 月

Contents >>> 目 录

第 *1* 章

导　论

1.1　研究背景

当今社会，人口老龄化成为人类共同面临的重大课题，作为一种不可逆转的客观发展趋势，人口老龄化与全球化、城镇化、工业化一道成为重塑世界发展格局的基础性力量。全球各国都经历着人口老龄化的重大冲击，其中，最突出的冲击便是人口老龄化对各国养老金体系带来严峻挑战，导致传统的养老金体系不可持续甚至出现养老金财务危机。为此，各国政府纷纷结合自身国情对养老金制度及相关制度进行改革调整，重新调整对老龄的定义，实行延迟退休，重新设计政府在养老金体系中的定位，政府回归保障民众最基本的养老需求。除此之外，各国普遍重视发挥市场作用，支持私人养老金发展，各国都基本按照世界银行提出的养老保险体系多支柱模式，建立包括政府兴办的公共养老保险、补充养老保险以及个人储蓄在内的多层次养老保险体系。政府鼓励和支持私人养老金发展，建立个人养老金制度成为全球养老金制度改革的最大共识。

我国受人口结构变化、国家计划生育政策、社会经济环境变化等因素影响，自 2000 年开始步入老龄化社会，之后人口老龄化程度日趋严重，呈现规模大、速度快、负担重等特点，2021 年我国 65 岁及以上老年人口占总人口比重达 14.2%，按照联合国标准，这标志着我国已经正式迈入"老龄社会"，距上述比重超过 20% 的"超老龄社会"已经不远，对我国养老金体系和养老金财务可持续性的威胁持续增加。长期以来，我国养老金体系过于依赖第一支柱——基本养老保险，近年来已经有多个省份出现城镇职工养老保险基金当期收不抵支的现象，部分省份城镇职工养老保险基金累积结余早已荡然无存，不少个人账户基金"空账"运行多年且做实难度较大。为此，我国持续不断大力推进养老金体系改革，包括不断提高基本养老保险的覆盖面和统筹层次，引入基金积累制，建立企业年金和职业年金，不断扩充公共养老金的基金来源，缓解基金运行缺口，以及建立国家社保战略储备基金、调整基本养老保险缴费率和替代率等一系列举措，实现了建立符合社会经济发展的养老金制度、践行广覆盖和最基本的建制理念、探索克服人口老龄化危机路径等重大历史成就。但与此同时，目前我国的养老金体系仍然存在公平性不足、可持续性不足和系统性风险等隐患，尤其是养老保险第一、第二、第三支柱发展不平衡，第一支柱独大而第二、第三支柱发展严重不足，顶层设计完整的第三支柱税优养老金制度呼吁多年而始终未能落地。

2022 年 4 月 8 日，国务院印发《关于推动个人养老金发展的意见》，标志着我国酝酿多年的养老保险第三支柱即将开启，同时这也是继国家多次提出要"发展多层次多支柱养老保险体系""加快养老服务业发展"之后我国积极应对人口老龄化的最新重大举措。2022 年 10 月，人社部等五部门联合印发《个人养老金实施办法》，明确了个人养老金的参与主体、运行管理、产品选择、税收优惠及监督管理等相关规定，其中，关于个人养老金的税收优惠政策引发了社会各界的广泛关注。参照国际经验，税收优惠政策是第三支柱个人养老金发展的重要引擎，税收优惠政策的力度和吸引力对个人养老金制度覆盖面和参与率的提高具有至关重要的影响。因此，到底此次个人养老金的税收优惠政策较 2018 年个税递延商业养老保险的税收优惠政策有多大程度的改进，其对调动居民参与个人养老金计划、购买个人养老金产品的积极性有多大作用，尤其是个人养老金税收优惠政策还存在哪些不足以及未来如何进一步调整完善，成为社会各界尤其是政府部门最关心的一个重要问题。

1.2 研究目的与意义

本书旨在研究如何运用财税优惠政策激励我国养老保险第三支柱的发展。从养老保险第三支柱与财税支持政策的理论关系、历史实践、国际经验入手，对目前我国养老保险第三支柱尤其是个人养老金财税支持政策进行系统梳理和问题分析，结合财税政策激励养老保险第三支柱发展的国际经验做法，提出了优化我国养老保险第三支柱发展财税激励的政策建议，以期为我国运用财税政策激励养老保险第三支柱发展的制度设计提供参考。从理论层面看，本书的研究结论具有较高的实践指导价值。一是为财税政策支持养老保险第三支柱发展提供理论依据。通过厘清养老保险第三支柱发展与财税支持政策之间的关系，形成了财税政策支持养老保险第三支柱发展的基本理论。二是深化养老保险第三支柱的公平性与效率性研究。养老保险第三支柱在制度设计上需要兼顾效率与公平原则，激励养老保险第三支柱的财税政策相应的也需要处理好效率与公平的关系，本书针对个人养老金税收优惠政策分别从增强其公平性和效率性的角度进行了评述并提出了完善建议。从实践层面看，本书的研究具有重要的现实意义。一是系统分析我国个人养老金税收优惠政策的优点与不足，明确未来调整优化的原则、方向和路径，可为相关部门提供决策参考。二是针对个人养老金发展提出的相关建议，有助于推动提高个人养老金的参与率、覆盖面和公平性，为保障老年人享受更优质的养老服务提供支持。

1.3　国内外研究文献

1.3.1　国外相关研究

1. 关于发展养老保险第三支柱的研究

在世界公共养老金危机背景下，全球养老金制度改革的共同趋势是不断弱化政府的责任，更加强调个人在养老中的作用发挥，各国学者展开了丰富的研究，主要涉及第三支柱养老保险的必要性、理论内涵、发展路径、实施效果及针对我国完善养老保险制度的相关建议。

（1）发展养老保险第三支柱的必要性与作用。一是关于发展养老保险第三支柱的必要性。布林德（Blinder，1982）认为，一个基本养老保险普及的国家中，本国居民储蓄和对其老年生活的整体规划受该国第三支柱发展水平的影响。巴德（Budd，1998）研究了第三支柱和第一支柱在英国养老金体系中扮演的角色，认为二者存在相互促进的关系，据此建议政府鼓励第三支柱发展以保障本国居民的老年生活水平。辛恩（Sinn，1999）指出，人口老龄化程度的不断加深导致养老保险缴费人数减少和现有养老金给付水平不可持续，因此政府应尽快出台政策措施推动第三支柱发展以减轻其养老支出负担。20世纪80年代的全球石油危机爆发后，美国经济由第二次世界大战后的持续快速发展转为高失业率、高通胀率和增速严重下滑的"两高一低"困境，由此引发的社会产业结构变迁进一步影响其经济增长。霍尔茨曼（Holzmann，2013）指出，推动本国养老金三支柱体系的均衡稳定发展，不仅需要政府建立和完善第一支柱基本养老保险，还需要私人部门协助政府参与第三支柱养老金体系发展。二是关于养老保险第三支柱的积极作用。波利内尔（Pollner，1989）指出，多支柱的养老保障体系具备多重优点，其中最重要的一个优势就是缓解养老金支付压力。威廉（William，2001）也指出，多支柱养老保障除了能够提升政府效率外，还能够对养老金支付风险产生分散作用。凯（Kay，2008）基于对商业养老保险的功能指出，商业养老保险是各国社会保障体系的重要补充，对于建立健全养老保障制度具有推动作用。姆斯根和斯莱杰彭（Muysken & Sleijpen，2011）认为，三支柱的养老保险制度及养老资金实现现收现付和部分积累的共同运行，对于在人口老龄化冲击下的养老金支付和居民消费将产生积极作用，有利于分散养老金支付风险。戴金（Daykin，2016）研究了英国养老保险制度的演化历程，其中英国于 20 世纪 70 年代末实施的养老保险协议退休机制，不仅减轻了英国政府财政的养老压力，而且推动了政府、企业与个人养老保险的协同发展。

（2）养老保险第三支柱的理念与内涵。首先，养老金三支柱的理念由来已久，一些专业人士对养老保险制度做过多种形象的比喻。美国大都会人寿保险公司精算师霍豪斯（Hohaus）1949 年提出"三条腿板凳论"，即美国社会保障制度按时间顺序来说，一是个人保险，二是各种员工福利计划，其中团体保险是美国的一个突出贡献，三是社会保障。[①] 美国社会保障委员会柯恩 1950 年提出"三层蛋糕论"，即美国社会保障制度的第一层是联邦政府提供的最低生存条件，第二层是企业对第一层提供的更加充足的标准补充，第三层是依靠个人努力获得的"奢侈"。此外，很多文献对当时养老保险制度的描述采用多"层次""层级""阶梯"和"台阶"等词汇。其次，世界银行最早提出养老保险第三支柱概念并将其界定为自愿

① 1949 年，霍豪斯在俄亥俄州商会举办的社会保障论坛上发表演讲时，首次使用了"三条腿的板凳"来形容社会安全网的多层次性与多支柱特征。

性的职业保险和个人储蓄计划。世界银行（1994）在其一份防止老龄危机的报告中，创新提出公共养老金计划、职业养老保险计划和个人储蓄计划的"三支柱"概念。其中，"第一支柱"为强制、由政府管理的收益确定（DB）型现收现付制，其目的主要是收入再分配；"第二支柱"为由市场管理的缴费确定（DC）型完全积累制，通常资金管理采用个人账户的形式，并由市场机构进行投资管理，其主要目的是储蓄；"第三支柱"为自愿性养老储蓄[1]，是前两个支柱的补充，其目的是向老年时有更多消费需求的人提供补充养老保障。世界银行（2005）在其关于 21 世纪老年改革保障的报告中，对全球养老金制度改革进行了国际比较，并将"三支柱"拓展为"五支柱"。其中，"零支柱"属于非缴费型养老金，主要提供最低水平的生活保障；"第一支柱"属于缴费型养老金，与缴费者的收入水平相挂钩；"第二支柱"属于强制性的个人养老储蓄账户，根据对象不同表现为不同的形式；"第三支柱"属于自愿型的养老保险，在形式上灵活多样；"第四支柱"则属于一种非正式的养老保障形式，主要存在于隔代之间或同代的家庭成员之间[2]。最后，OECD、欧盟和国际劳工组织将第三支柱定义为自愿性个人储蓄制度，而将自愿性职业养老金视为第二支柱。OECD（1998）提出"多支柱方法论"，认为养老金制度是与其他要素相结合的平衡混合体，应发挥强制性与自愿性、预筹与现收现付、政府与市场的作用，推动向退休收入的多支柱体系转变。OECD（2005）发布了一份养老金分类与术语文件，将养老金规定为三支柱框架：第一支柱是基于工薪税的公共管理的 DB 型、现收现付制、强制性公共养老金计划；第二支柱是作为就业合同的一部分，由雇主向雇员提供的私人部门管理的职业养

---

① 世界银行. 防止老龄危机——保护老年人及促进增长的政策 [M]. 北京：中国财政经济出版社，1996.

② 世界银行. 21 世纪的老年改革保障——养老金制度改革国际比较 [M]. 北京：中国劳动社会保障出版社，2006.

老金计划，并指出从 DB 型向 DC 型或混合型发展是大趋势；第三支柱是储蓄和年金化形式的个人养老金计划，一般来说是自愿性 DC 型的完全积累制。欧盟 2014 年发布《养老金计划》研究报告，根据欧盟国家的制度现状和未来发展趋势，对三支柱做了基本定义：第一支柱是以 DB 型为原则、以防止老年贫困为主要目的的公共养老金；第二支柱是为实现消费烫平、基于劳动力市场表现的 DC 型或 DB 型（包括名义账户制和积分制）雇主计划；第三支柱是纯粹市场化运作、自愿参加且待遇不确定的 DC 型个人养老金计划。区分第三支柱与其他长期储蓄的两个重要标准是第三支柱享有税收激励（或国家提供部分配比缴费）与锁定退休日。国际劳工组织（ILO，2018）提出"ILO 多支柱养老金模型"，将养老金分为四个支柱：零支柱的普惠型老年津贴属于非缴费型养老金，无论家计调查型还是养老金调查型，应成为社会保障的底线；第一支柱强制性养老保险应是 DB 型的，由雇员雇主共同筹资；第二支柱可以是强制性或自愿性的，也可以是 DB 型或 DC 型的雇主补充养老计划，由雇主单方缴费融资并实行集体管理；第三支柱是自愿性个人储蓄安排，由市场化养老金机构管理，实行市场化运作与监管。

（3）养老保险第三支柱的发展路径。国外学者提出可以通过设立个人账户制、税收优惠政策、发展多样化的个人养老金产品等措施推动延税型商业养老保险。一是设立个人账户制推动延税型商业养老保险。布莱恩（Brian）基于美国个人退休账户（IRA）开展大量研究后发现，美国 IRA 具有便于操作管理、成本较低等优点，有利于切实保护受益人的相关权益。二是发展多样化的个人养老金产品。凯勒（Kehrer）研究认为，个人养老金产品投资只有具备灵活多样的渠道和方式，同时还能严格控制投资风险，确保养老资金的运行安全且符合相关规定，才能充分满足人们的养老需求。卡罗（Carol）指出，如何进一步提升养老金计划的公平性和覆盖率是美国养老保险第三支柱的关键问题，这要求不断完善发展 IRA，通过开发多种针对消费者差异化需求的个人养老金产品，使得各类人群的客观需求得以满足。威利（Wiley，1999）认为，未来进一步扩大个人养老金的覆盖面，需要设计更多个性化的个人养老金产品，并为投资者订制专属的个人养老金产品。三是通过税收优惠鼓励和推动第三支柱发展，相关研究后续专门阐述。

（4）养老保险第三支柱的实践效果。一是关于发展养老保险第三支柱对储蓄的影响效应。部分学者认为养老保险第三支柱有利于储蓄增加。格拉维尔（Gravelle，1991）指出，美国政府给予税收优惠政策支持的 IRA 计划对私人储蓄具有激励功能。波特巴（Poterba，1996）研究发现，IRA 对国民储蓄的增加起到了重要的推动作用。但也有学者认为养老保险第三支柱与储蓄增加的关系并不大或无影响。阿塔那西奥和德莱尔（Attanasio & Deleire，2002）指出，没有发现表明家庭为 IRA 缴费而降低消费水平的事实和案例，能够被认为国民储蓄净增加的资金不超过 IRA 积累资金的 9%。安东（Anton，2014）研究认为，补充性的税优私人养老金缴费与西班牙消费水平的高低无关，即享受税收优惠的私人养老金政策对西班牙的国民储蓄没有影响。柯普兰（Copeland，2007）研究指出，美国的第二支柱401K 计划和第三支柱 IRAs 计划，对美国其他各种形式的个人养老储蓄没有产生替代效应。还有学者认为 IRA 对不同的群体具有不同的效应。赫隆（Hrung，2002）指出，美国 IRA 由于对提早领取养老金设定限制性惩罚措施而很难完全替代人们的预防性储蓄，尤其会对收入面临很大不确定性的群体参与 IRA 的稳定性和持续性产生影响，对这些群体的养老储蓄带来负向效应。普法尔和施耐德（Pfarr & Schneider，2013）认为，德国于 2002 年开始通过直接补贴和税收优惠等措施激励个人养老金的推广应用，引导富有群体更多购买个人养老金产品，但并未对低收入群体增加养老储蓄产生明显的促进作用。近期部分学者提出应采取措施提升 IRA 对个人养老储蓄的激励作用。摩尔（Moore，2016）研究认为，美国养老保险第二支柱雇主养老金计划仅覆盖约半数雇员，其余半数左右的雇员没能参与雇主养老金计划而必须通过参与 IRA 来增加养老储蓄，但这些雇员往往囿于惰性而不去积极主动参与 IRA 计划，为此，美国的不少州将自动加入 IRA 计划作为应对措施，通过研究建立自动加入机制提升 IRA 计划的参与率。戈达等（Goda et al.，2018）指出，虽然政府通过提高 IRA 养老资金的投资收益率引导个人延迟养老金的领取时间，但很少有人在完全退休后才提出领取养老金的申请。二是关于养老保险第三支柱对于人口寿命、福利的影响效应。王等（Wang et al.，2016）研究认为，澳大利亚的超级年金作为一种政府强制参与的缴费确定型养老金计划，对其中产人群的寿命延长具有明显的促进效应，但对其低收入群体寿命的影响不尽一致。北尾（Kitao，2015）研究指出，通过实行个人退休账户计划来替代第一支柱的公共养老金计划，将导致政府在短期内的支出明显增加，但如果在长期将其逐步转化为个人缴费的 IRA 计划，则不仅可降低政府养老金支出，而且可通过 IRA 的长期资金积累提升全社会的福利，当然可能会引起当代人福利的部分损失。此外，索罗森（Sørensen）指出，加拿大、北欧各国多支柱养老保险体系的实施效果存在明显的差异，其主要原因在于各国的养老保险制度顶层设计、社会福利观念不同，尤其是个人、企业与政府在养老责任的分担机制存在较大不同，这些正是影响多支柱养老保障体系实施效果的政治和社会领域因素。

（5）对我国设立税延型商业养老保险的建议。拉里（Larry，1994）认为，中国有必要引入并推广延税型养老保险制度，同时为充分保障制度执行中的公平性，政府必须严控针对高收入者的税优力度。威廉姆森等（Williamson et al.，2012）也指出，许多发展中国家面临严重的人口老龄化形势，其中以东亚地区的人口老龄化程度为甚，结合中国、新加坡等国家目前养老保障制度的实际情况，必须尽快推行延税型养老保险计划。

2. 关于财税政策支持养老保险第三支柱发展的研究

在促进养老保险第三支柱发展的过程中，国外研究者重点强调税收优惠政策的作用和意义，集中探讨了延税型商业养老保险的实施及其政策效应。

（1）税收优惠政策能够推动养老保险第三支柱发展。迪克斯－米罗和金（Dicks-Mireaux & King，1983）基于加拿大养老金第三支柱的分析认为，税收优惠政策能够极大地促进个人养老保险的发展。戴维斯（Davis，1995）关于税收优惠模式、社会保险替代率、税率等因素对养老保险影响的研究显示，激励性的税优政策有助于推动养老保险快速发展。大卫（David，1995）研究发现，税收优惠激励对养老金积累具有很大的杠杆效应，政府税收少征收 1 个单位，可以多积累 21 个单位的养老金。班特尔（Banterle，2002）指出，根据生命周期以及预防性储蓄等观点，政府及其税收优惠政策有利于促进缴费确定型养老金等补充养老保险计划的快速发展。约翰尼斯（Johannisson，2013）指出，结合政府税收激励政策来创新延税型个人养老金产品，可以通过企业和个人当期应纳税所得额的减少，对企业和居民积极参与个人养老金起到激励作用。奥莱纳（Olena，2014）研究认为，推出并经营延税型个人养老金产品，有利于更快速地提高个人养老金的社会覆盖面和参与率。

（2）财税政策激励养老保险第三支柱发展的路径选择。一是多数学者认为 EET 在第三支柱税收激励政策中效应最大。霍兰等（Horan et al.，1997）指出，个人养老金领取阶段税率的降低，抵消了提早缴纳资本利得税的部分优势，进而减少了直接投资应税共同基金的吸引力，由此使得 EET 模式税收优惠激励的吸引力增强。克沃尔（Kwall，1998）通过比较养老保险第三支柱的各类税收优惠模式认为，EET 模式产生的激励效果最好。光和艾伦（Kwang & Alain，2004）对 OECD 国家养老保险第三支柱各种税优模式及税收优惠额度和比例的差异进行了分析对比，认为 EET 模式最能体现税收政策的激励作用。二是关于个人养老金延期纳税的看法不一。赫尔穆斯（Helmuth，2016）研究指出，基于最优税收理论观点，完全对养老储蓄资金的投资收益免税并不可行，最佳的制度选择是延迟纳税时间。但詹塞尔（Genser，2020）提出，延迟缴纳个人所得税带来的税基平滑效应将使政府个税收入大幅下降，同时个人尤其是高收入者的税负明显下降，进而不利于实现累进所得税制调节收入分配的公平性目标。

（3）税收优惠政策对养老保险第三支柱的作用。一是税收优惠政策对养老保险第三支柱发展的作用明显。格拉韦尔（Gravelle，1991）通过对美国第三支柱个人养老金账户的分析研究，认为税收减免的优惠政策对个人养老金储备起到了积极的激励作用。朱尔法安和理查森（Joulfaian & Richardson，2001）通过考察美国养老保险第三支柱的发展演变历程，认为养老保险第三支柱参与率的提升很大程度上受益于政府的税收优惠政策。克莱拉（Clara，2002）指出，对养老保险缴费实行延迟缴纳个人所得税的优惠政策，能够对投保人和保险公司以及商业养老保险的发展起到双重激励效应。迪克斯－米罗等（Dicks-Mireaux et al.，2010）通过考察加拿大养老保险第三支柱发展历程指出，税收优惠政策促进了加拿大个人养老保险的发展。温特（Winter）对德国居民参与商业税延保险的意愿进行了分析，发现税收优惠起到了重大的激励作用。沃利塞尔和温特（Walliser & Winter，2015）对补充养老金制度中税收优惠政策的激励作用进行了实证分析。二是税收优惠政策对个人养老金的作用具有异质性。帕默（Palmer）运用精算理论研究了个人养老金税优政策对个人养老金替代率的影响，发现随着收入水平的提高和税收优惠政策的推行，个人养老金替代率呈现不断提高的走势。霍尔茨曼（Holzmann，2016）指出，税收激励是养老保险第三支柱政策的核心，延期征税的优势伴随着个人终身收入的增长而不断增强，尤其是对雇员养老金投资回报执行零税率能够有效增强居民进行养老储蓄的积极性。卡博尼尔和德赖弗（Carbonnier & Drive，2014）研究显示，个人养老金税优激励对超过 45 岁的群体和高收入群体储蓄积极性的作用更大，而对年轻人士和低收入群体储蓄积极性的影响有限。

（4）第三支柱税收激励政策的经济效应。一是对国民储蓄的影响具有不确定性。温迪（Venti）认为，激励养老保险第三支柱的税收优惠政策有利于增加国民储蓄，但还要由居民通过降低消费水平为个人养老金账户缴费的意愿来决定。盖尔和肖尔茨（Gale & Scholz，1994）指出，居民用手中的应税资金向个人养老金账户缴费，相应的个人养老金税优政策对储蓄没有激励效应；但居民如果将用于消耗的资金缴纳个人养老金保费，将会促进全社会储蓄的增加。格拉韦尔（Gravelle，2012）的研究显示，仅部分雇员每年积极向个人养老金账户缴费，其余大部分雇员伴随着年龄增大和收入增长，越来越容易因为税收优惠政策而增加养老储蓄。但霍顿和施拉斯（Holden & Schrass，2016）指出，美国 IRAs 为鼓励居民储蓄而提高了养老储蓄资金的税后投资收益率，这为居民通过较少储蓄来达到同样的退休收入预期目标提供了可能。二是对政府财政的影响观点不统一。赫伦（Hrung，2001）指出，个人养老金税收激励政策对政府财政具有双重效应，在促进个人养老金覆盖面扩大进而缓解政府养老金支出压力的同时，也会为政府财政带来一定收入损失。但卡米纳达和库德斯瓦尔德（Caminada & Goudswaard，2008）的等价养老金税率模型显示，政府对个人养老金实施 EET 模式的税收优惠模式，基本上不会导致政府税收收入的任何减少。三是对资本市场产生积极影响。马利亚里斯等（Malliaris et al.，2008）指出，个人养老金账户积累的养老储蓄资金因其长期性和规模性等优势而成为资本市场的"稳定剂"，有利于推动资本市场资产结构的不断优化。卡米纳达（Caminada，2008）认为，基于个人养老金资金的长期性特点和投资于资本市场的取向，居民参与个人养老金的一个重要考虑因素是其对本国资本市场的信任与信心，这有利于推动资本市场成熟度和资产配置合理性的提升。四是对个人资产管理产生重要影响。亨格（Hung，2008）的研究显示，相较于没有税收优惠激励下的个人养老金账户，投资者更愿意将资产配置于具有递延纳税优惠政策的个人养老金账户中，尤其对于高税收资产，投资者努力通过享受税收优惠实现税收收益的最大化。阿德尔曼（Adelman）和克罗斯（Cross）认为，美国 IRAs 的税收优惠政策导致投资者的投资决策复杂化，尤其在养老资金投资因故被迫撤回的情况下，假设税率不发生变化，这将使得允许税前扣除缴费限额的 IRA 与罗斯 IRA 账户积累相同额度的养老金。

1.3.2　国内相关研究

1. 关于发展养老保险第三支柱的研究

我国养老保险第三支柱的发展相对其他国家较晚，相关制度和政策还处于起步阶段，但专家学者早就在理论层面积极进行探讨，主要是吸收养老保险第三支柱发展的国际经验，论证我国推行养老保险第三支柱的必要性，并倡导呼吁尽快推进政策制度设计，具体体现在以下三个方面。

（1）我国推行养老保险第三支柱的客观理由。一是传统养老保障制度存在缺陷。王振耀和田小红（2015）指出，虽然当前我国以现收现付制为主的养老保险制度能够顺利运行，但制度本身的要素优化任务也十分紧迫。郑秉文（2016）提出，当前我国基本养老保险作为第一支柱"独大"，企业年金、职业年金共同构成的第二支柱逐步完善，但第一支柱基本养老保险替代率不断走低，个人养老保险作为养老保险第三支柱则发展滞后，导致我国整体的养老保障体系发展严重不均衡，因而大力推动养老保险第三支柱的发展在构建多层次养老保障体系中具有特别重要的含义。段家喜（2016）指出，我国虽然很早就提出了建立多支柱养老保障体系的目标任务，但各支柱发展不均衡问题始终存在，对基本养老金的过度依赖限制了养老保障制度的总体功能。王都鹏（2017）指出，我国企业年金和职业年金的发展之所以基本停滞，其重要原因在于企业为职工缴纳年金增加了其经营成本，养老保险第三支柱可弥补企业年金发展不足并缓解对基本养老保险的过度依赖。王延中（2018）指出，我国目前的养老保障体系面临一定程度的混乱，国家、单位与个人各主体之间以及各主体自身的责任分担机制不健全，应深刻领会党的十九大精神，加快推进我国养老保险第三支柱的研究、设计和发展。杨燕绥和妥宏武（2018）认为，在目前我国第一支柱基本养老保险缴费费率封顶、企业年金和职业年金发展陷入停滞的形势下，推行第三支柱个人养老金的意义十分重大。二是应对人口老龄化亟须发展第三支柱。何士宏（2013）认为，人口老龄化不断加深导致实行现收现付制的第一支柱基本养老保险的替代率不断降低，而养老保险第三支柱则可以有效提高养老保险的替代率和养老保险制度发展的可持续性。孙守纪（2015）指出，养老保险第三支柱的功能除了作为前两大支柱的补充之外，还在于其对家庭主妇、自由职业者等非正规部门就业群体养老需求的覆盖。董克用（2016）指出，人口老龄化导致的养老金支付压力要求加快发展养老保险第三支柱。杨菊华（2018）认为，我国家庭在结构和规模上的重大变化弱化了家庭的养老保障功能，同时女性劳动参与率的不断提升削弱了家庭妇女的老年照顾能力，二者共同导致的养老保障缺口需要养老保险第三支柱来弥补。李洁雪（2018）指出，人口老龄化程度的不断加深导致我国当前养老保障制度的赡养率持续上升，仅靠目前的养老保障体系难以应对未来面临的巨大养老负担和养老基金支付压力。三是构建多层次养老保险体系是长远发展的必然要求。郑秉文（2016）指出，应降低第一支柱基本养老保险的缴费费率，拓展第二支柱企业年金和职业年金以及第三支柱个人养老金的发展空间。何文炯（2017）认为，社会各界对我国建立多层次养老保障制度早已形成共识，在强制性的第一支柱基本养老保险保基本、广覆盖的同时，尽快推动补充性养老保险的发展壮大，这才能体现养老保障的互助共济功能。尹蔚民（2018）指出，我国建设多层次养老保险制度应紧密结合政府层面的顶层制度设计，尤其是关于养老保险第三支柱发展的战略部署，推动其与第一支柱形成互为补充的多支柱养老保险体系。郑功成（2019）认为，我国多层次养老保险制度的构建需要有效调动市场主体的积极性，统筹国家、企业、社会与个人等多个主体形成合力并科学分摊养老职责。路锦非和杨燕绥（2019）认为，我国经济社会实现可持续性发展的一个必然要求是由政府支持建立个人养老金制度，由此可以增加个人的养老金积累、优化退休人员的资产配置，从而提升全社会的消费能力和意愿。四是发展养老保险第三支柱能够充分保障未来的养老金支付实力。鹿峰（2011）认为，养老保险第三支柱具有所有权明晰、投资回报率高等优点，对于提升养老金替代率和满足不断增长的养老金需求具有强力的保障作用。周建再等（2012）认为，个税递延商业养老保险试点对政府税收影响不大，但这种小型的税收减免和延迟纳税能够发挥积极的补充作用，进而为全社会的养老保障提供支撑。朱俊生（2017）指出，私营养老保险制度对于养老金资产的增长、推动养老金体系均衡发展以及助力养老保险制度的可持续发展具有重要作用。段丹丹（2017）指出，养老保险第三支柱的发展能够帮助减轻第一支柱基本养老金的支付压力。贾开一（2017）指出，多支柱养老保险制度能够改进养老金体系的整体收益率、运营效率，由此弥补基本养老保险一支独大的缺陷并有效分散养老保障体系的风险。董克用和施文凯（2020）认为，养老保险第三支柱在推动居民养老财富储备增加、实现全体居民福利水平提升方面具有积极作用。

（2）我国发展养老保险第三支柱的现实基础。发展养老保险第三支柱要求政府、市场和个人来共同推动。一是国民保障意识不断增强、国民财富不断积累。畅彦琪（2014）指出，经济社会的不断进步，全民教育层次的持续提高，推动居民对自我养老保障重要性的认识不断增强，有利于增强我国养老保险第三支柱发展的动力支撑。钟蓉萨（2016）建议，采取一定的激励和导向性措施将一部分用于即期消费的居民收入转化为养老储蓄，目前受益于经济社会发展而大幅增长的居民财富积累很多都直接消费。董克用和施文凯（2020）认为，我国养老保险第三支柱发展具有良好的制度环境基础，包括居民工资收入的较快增长、养老理念的积极变化、自我养老保障意识的不断强化及资本市场的不断完善。二是市场投资环境不断成熟、政策制度环境不断完善。洪磊（2015）认为，我国资产管理的改革完善从市场和产品角度为养老保险第三支柱的发展创造了条件，包括成熟环境和多样化选择机会。姚余栋（2016）指出，不断深化的税制改革为我国大力发展养老保险第三支柱提供了重要的政策制度环境，通过免征个人养老金投资收益的资本利得税等税收优惠政策，可有效提升第三支柱的参与率。三是国际经验丰富且可供借鉴。段家喜（2017）认为，美国IRAs对其居民养老储蓄增长、资本市场获得长期稳定资金具有重要意义，可为我国养老保险第三支柱发展提供启发。李亚军（2017）与袁妙彧（2010）等指出，英国养老保险制度改革尤其是其协议退出制度，对我国具有重要的参考借鉴价值。宋凤轩和张泽华（2019）指出，日本养老保险第三支柱在短期便实现了符合预期的发展效果，主要得益于其相对完善的资金管理机制、高效率的市场化投资运营机制以及积极全面的风险管理机制，值得我国学习参考。杨良初（2019）认为，国际经验已经证实了三支柱养老保险体系的合理性，因为它明确了国家、企业与居民之间的可持续的养老责任分担机制。孙博（2019）认为，三支柱养老保障模式在世界各国应用广泛，这种模式通过实现政府、雇主和个人对于养老责任的合理分摊，有利于充分满足个人老年生活的需求，推动提升养老保险体系的可持续性。

（3）我国发展养老保险第三支柱的策略措施。针对发展养老保险第三支柱在覆盖人群、税优激励、投资管理、资金监管等核心问题，专家学者分别提出了建议。其中，关于运用财税政策推动养老保险第三支柱发展的相关研究后续专门阐述。一是完善个人养老金账户管理制度。鹿峰（2011）提出，发展个人账户制养老保险并与基本养老保险协同发展是未来养老保险制度改革的必然取向，个人养老金账户应能够与基本养老金账户灵活互联。罗桂连（2011）指出，个人养老金账户制发展的一个必要前提是能够最大化参保人投资收益的制度机制。房连泉（2018）建议，打通第二、第三支柱养老金储蓄账户，构建统一完善的养老金监管制度，要尽快设立免税型 TEE 账户推动养老保险第三支柱发展加速。李志淼（2019）指出，促进养老保险第三支柱发展需要从养老金投资多渠道、养老金产品多样化和参与办理多方式等方面发力，集三大支柱成一体发挥协同效应。张学成和崔文华（2019）指出，应有效发挥个人商业银行账户管理的优势并将其作为承接养老金产品业务的基本载体。苏罡（2019）指出，我国目前的个人养老金账户资金不能灵活应对通胀变化，应借鉴国外做法允许养老保险各支柱账户之间的资金进行转移，尤其是允许将第一、第二支柱账户内资金转移到第三支柱的个人账户中，以此提升养老金资产的配置效率。二是开发多样性养老保险第三支柱产品。闫化海（2018）指出，第三支柱个人养老金产品应为公众提供多样化选择，其主要类别涉及能够保障养老资金风险的商业养老保险、能够实现养老资产保值增值的资管类产品以及不同类别的养老目标基金。周琳（2019）指出，第三支柱养老金产品必须向多样化的方向努力，要结合国内客观实际切实针对居民养老需求开发适应时代发展的产品，金融机构应积极探索研发可批量市场化发行的商业养老保险产品、资管产品和组合型的投资理财产品。朱俊生（2019）建议，鼓励更多金融机构参与构建多样化的个人养老金产品体系，由此吸引居民踊跃参与购买。三是推动商业养老保险发展。李静萍（2014）指出，作为养老保险第二、第三支柱产品供给主要来源的商业养老保险在整个养老保险制度中的作用发挥不充分，尤其是其与社会化养老保险发展程度不同步限制养老保障体系改革完善。郑功成（2016）指出，目前我国保险业发展整体落后对商业养老保险发展形成了制约，应从增强商业保险公司的主体意识、优化市场规则及保险市场制度机制等方面推动商业养老保险不断升级，其中完善推动商业养老保险升级发展的政策支持体系包括递延纳税安排、挖掘商业保险发展空间、拓展商业保险投资方向及针对性政策精准发力四个方面。黄洪（2016）认为，应通过依托市场机制、优化保险产品供给和保险服务、发挥保险公司业务特长，实现商业养老保险的升级发展，进而为构建合理化、可持续的养老责任分担机制提供支撑。四是完善市场及投资环境。郑秉文（2016）指出，我国股票市场的投资者中散户居多，缺乏足够有实力的机构投资者，影响专注于长期投资的养老保险第三支柱发展。段丹丹（2017）指出，养老资金的投资渠道单一、资金监管机制不健全不利于养老资金投资实现收益最大化。董克用（2017）认为，养老保险第三支柱发展的最基本制度要求是投资渠道实现多元化，应通过合理调整个人养老金产品的准入门槛和优化养老资金投资渠道的选择机制，将银行理财、商业养老保险、养老目标基金等多种养老金融产品列为第三支柱个人养老金产品可选范围。五是加强第三支柱监管及个人养老金知识普及。丁少群（2017）认为，应从四个方面加强养老保险第三支柱的资金监管，包括个人养老金产品设计应更多体现养老保障功能、提供个人养老金产品的商业保险公司准入机制、养老资金投资的渠道及回报保障机制、防止延迟纳税被利用进行逃漏税。冯丽英（2019）指出，我国个人养老金计划发展不仅需要对其税收优惠政策加强管理，而且需要对各类金融机构积极参与养老金融产品供给给予激励。唐霁松（2020）指出，我国的养老保险第三支柱发展仍在起步阶段，应尽快完善个人养老金监管机制，形成多部门协作的专业化监管格局。孙博（2020）研究指出，养老保险第三支柱在我国民众中的知悉度偏低，居民养老金融知识严重不足，应采取措施提升居民的养老投资素养。

2. 关于财税政策支持养老保险第三支柱发展的研究

（1）运用财税政策推动养老保险第三支柱发展。一是必要性。郑秉文

（2016）指出，养老保险第三支柱与第二支柱企业年金不同，它不受雇主影响，所以覆盖面应该更广，但需要税收优惠政策的撬动，这就要求政府给予税收优惠政策激励居民优化个人资产配置，引导居民将长期定期存款资金用于购买第三支柱个人养老金产品。金维刚（2017）指出，促进养老保险第三支柱发展要求政府在养老金缴费阶段、投资阶段和领取阶段分别制定税收优惠政策或者政府补贴政策。庹国柱（2018）指出，养老保险第三支柱的替代率很大程度上取决于政府税收激励的程度，税收优惠的力度大，个人缴费则会相应增多，未来的替代率就会高些。杨良初（2019）指出，加快养老保险第三支柱发展的关键是制定合理适度的税收优惠激励政策。二是税收优惠政策有助于养老保险第三支柱的快速发展。侯仕樱和沃田等（2018）从实证分析的角度，运用倾向得分匹配法观察优惠政策对商业保险购买需求的影响，从统计结果看税收优惠政策对于商业健康保险收入的影响显著。陈天玉等（2019）从商业健康保险税收优惠政策的实际测算效果，认为导致享受税收优惠政策的商业健康险销售不力的原因主要为税收优惠力度不够大。三是第三支柱税收优惠政策具有多重经济效应。黄雪和王宇熹（2015）、吴祥佑和许莉（2016）均指出，对养老保险第三支柱给予个人所得税延迟缴纳的优惠政策，不仅有利于居民合理减少税收缴纳和加大养老储蓄的力度，而且有助于促进商业养老保险的加速发展。段家喜（2016）指出，税优型养老保险第三支柱能够为我国经济社会发展和产业升级长期提供大量的资本金，进而为我国直接融资的发展提供有力支撑。

（2）财税政策激励养老保险第三支柱发展的路径。一是第三支柱税收优惠的模式及评价。黎丹和韦生琼（2016）根据征税环节和征税期限的不同，将养老保险第三支柱的税收优惠形式划分为三类：税收递延类（EET、ETE、ETT）、税收非递延类（TTE、TET、TEE）和特殊类（EEE、TTT），其中 E 即 Exempted，指免税；T，即 Taxed，指征税。董克用和张栋

（2018）等总结了目前税收优惠政策的八大模式，即 EET、TEE、TET、ETE、ETT、TTE、EEE、TTT，三个字母分别指向第三支柱养老金的缴费、投资及领取阶段。吴孝芹（2019）指出，养老保险第三支柱税收优惠激励政策的实施效果受缴费期税率、投资期回报率以及养老金累积期限等多方面因素影响，EET 在一般情况下属于个人养老金税优政策最佳模式，但在养老金领取阶段税率高于缴费期税率时，则选择 TEE 税优模式的激励作用更明显。仙蜜花（2017）指出，养老保险缴费直接关系到其收入替代率，而影响养老保险缴费的主要因素在于税收优惠政策的力度，因此，个人养老金的税优力度与其缴费率以及替代率成正比。二是税收优惠政策选择。①EET 与 TEE 相结合。郑秉文（2016）从覆盖范围的角度认为应采用 EET 与 TEE 相结合的税收优惠模式，要把非纳税群体的积极性调动起来。袁中美和郭金龙（2018）指出，推动我国养老保险第三支柱发展必须将 EET 和 TEE 两种税收优惠模式统筹运用，针对不同人群采取不同的税优模式和不同额度的税前抵扣，同时通过对缴费给予财政补贴提升低收入群体参与购买个人养老金的能力。杨娉和邢秉昆（2021）认为，各国利用税收杠杆提高参保人参与个人养老金计划的积极性，同时保证各收入群体间的公平性，主要采取延税（EET）和免税（TEE）两种税收优惠模式，不同税收优惠模式适合不同群体，不同养老金计划可能采取不同的税收优惠模式，建议我国将 EET 与 TEE 相结合，提升中低收入群体参与养老保险第三支柱的积极性。②采用 EET 模式。朱海扬（2017）认为，目前我国本来就未开征资本利得税，对养老保险第三支柱采取税后缴费的 TEE 税优模式很难产生激励效应，故而在养老保险第三支柱试点期间只有 EET 税优模式才能发挥激励效果。沈玉平和沈凯豪（2017）指出，引入 EET 模式与之前的 TEE 模式并不冲突，TEE 模式对于那些养老需求单靠基本养老保险不能得到满足同时所得收入适用比例税率的群体而言是一种可选的最佳方案。王翌秋（2017）研究指出，南京市推行个税递延商业养老保险适合采用 EET 的税优模式。席毓和孙玉栋（2020）强调，目前形势下 EET 税优模式相对具有更高的推广应用价值，短期内可对经济实力更强的中高等收入人群产生激励，在长期为使低收入群体也能享受到税式优惠的福利，可考虑引入 TEE 模式。李旭红（2020）在比较各国个人养老金账户制度的基础上，对我国个人养老金账户的整体设计及税收政策设计进行了探讨，建议我国个人养老金税收优惠采取 EET 模式，并运用"金额制"加大税收优惠力度，力求打通第二支柱和第三支柱的税收优惠政策。③采用 EEE 模式。孙博（2019）建议，养老保险第三支柱税优政策可比照税优健康险的做法，实行 EEE 税收优惠模式，对个人养老金缴费阶段、投资阶段获得的收益以及提取阶段都给予纳税扣除。温来成等（2021）建议从健全税收制度及相关税收政策、加大税收优惠力度等方面完善我国第三支柱养老保险税收制度及相关税收政策。胡怡建等（2021）建议通过扩大税收优惠范围、提升税收优惠力度、完善税收优惠体系促进第三支柱养老保险发展。三是税收递延与政府补贴并举。段家喜（2019）指出，大部分经济发达国家积极推出税收优惠个人养老金，各国养老保险第三支柱的税收优惠政策主要包括直接财政补贴、税收减免或递延和设定缴费限额三种，建议我国推进个人养老金市场发展由单一的税收递延改为税收递延与政府补贴并举，同时提高对个人养老金的税收优惠力度。贾康（2021）指出，第三支柱的发展应该得到财政税收方面的支持和呼应，可以使用专项资金或采取财政在资金运用方面的奖补方式，同时考虑让渡一些本来要进入国库的收入，探索对个人养老金的个税递延优惠设计类似企业所得税鼓励研发的加计扣除机制。

（3）我国个税递延型商业养老保险试点评价及完善建议。一是优惠力度不足，建议适当提高税收优惠的额度。郑秉文（2018）认为，在当前社会平均工资年均增长约 10% 的情况下，每年 12000 元的静态标准在激励力度上将呈逐年衰减的趋势，建议采取动态调整的方式适时进行调整。袁中美和郭金龙（2018）则建议参照美国第三支柱的做法，可针对税收负担能力较差的高龄人群适当增加允许税前抵扣的缴费限额，由此进一步释放其养老需求。危素玉（2018）指出，我国个税递延商业养老保险实行的延迟纳税优惠会产生一定的负激励效应，建议结合养老需求的变化对税前扣除的缴费限额进行动态调整。段家喜（2019）等建议税收递延型商业养老保险试点结束之后向全国推广时可以适当提高税优比例，并且对于未达到个人所得税起征点的个人，在达到一定的年缴费额度后可以给予适当的财政补贴。谢卫（2021）认为，试点地区的个人税收优惠激励力度相对不足，产品层面也缺乏税收优惠政策。二是操作流程复杂，建议提高税收优惠政策的便利性。[①] 段家喜（2019）通过对比新西兰和葡萄牙两个国家个人养老金发展的情况（新西兰的参与率为72.9%，葡萄牙只有4%），认为只提供税收优惠政策是不够的，明了的税收优惠规则、简便的参与流程对居民参与与否也起到关键性作用。庹国柱（2018）建议可引入自动加入机制，由单位代理员工办理参与养老保险第三支柱的相关手续，这将会有利于制度的推广和市场的开拓。王增强和孙瑜（2019）等均建议要改善税收递延征管流程、便利居民参与等。雷晓康（2019）指出，2018年个税递延商业养老保险试点面临目标人群参保意识不强、居民养老金融素养不强等困难，必须通过激励性的政府补贴或财政资金奖励调动居民的参与积极性。李丽（2020）认为，个税递延商业养老保险试点的制度规定存在公平性体现不足、享受税收优惠的流程过于繁杂等问题，建议通过进一步增强税优力度、再造税优政策业务流程等措施予以不断改进。郑秉文（2021）强调，个税递延商业养老保险在产品上仅涉及商业保险产品，同时税收优惠的比例不高、制度运转不简便、个人参与要求所在单位配合完成，导致实施效果远不及预期。三是未考虑个税改革影响，建议结合个税改革优化税优政策。孙博（2019）把我国个税改革作为一个影响因素，计算了由于

---

① 参见2021年全国政协委员谢卫在全国两会期间提交的提案《关于进一步发挥税收政策作用、推动第三支柱个人养老金发展的几点建议》。

个税调整导致纳税人群减少而对养老保险第三支柱意愿参与人群及第三支柱整体养老金规模带来的影响。周海珍（2019）研究发现，新旧个人所得税下个税递延商业养老保险的受益人群存在较大差异，如要保持旧版个人所得税下试点政策的覆盖人群不变，新版个人所得税下个税递延商业养老保险应将领取阶段的征税税率调整为 2.01%。章君（2019）参照我国工资薪金所得所涉及的个人所得税扣除标准逐步由 800 元上调至现在的 5000元，建议随着经济水平的发展，以及未来对养老诉求的进一步提升，商业延税保险的扣除限额也要动态调整。范堃（2020）研究认为，商业养老保险的税前扣除限额设定为 1600 元，即可实现 7% 的代替率，基本符合国际标准并能够使不同收入群体的养老保障需求得到满足。

（4）充分发挥第三支柱财税激励政策作用的建议。一是依托账户制并设置限额。危素玉（2018）指出，政府推动个人养老金发展不仅需要重视财税激励政策，更要重视个人账户制等个人养老金税收优惠政策得以发挥作用的主要载体建设。董克用和张栋（2018）提出，账户制不仅是多数国家的共同选择，账户制下个人养老金账户具有独立性和广泛性，税收优惠面向账户，而非特定的金融产品，更具公平性，而且站在税收征管的角度，账户制下入金抵税，出金纳税，规则更加简单明了。崔文华和李志淦（2019）站在个人的角度，认为账户制下由于税收优惠政策落实到账户层面，个人可以依托账户实现不同产品间的自由申赎、转换等，个人真正拥有了自主选择权。钟蓉萨（2019）认为，个人账户制是我国推动养老保险第三支柱发展的客观需要，必须建立各金融机构之间协调互通的个人养老金账户体系。二是开发并推广税延型产品。王增强和孙瑜（2019）指出，开发延迟纳税的养老金融产品是养老保险第三支柱发展的必然要求，政府不仅要通过税优政策激励居民购买个人养老金产品，同时要采取措施鼓励商业保险公司积极参与延迟纳税的养老金融产品的研发推广。林世洪（2020）指出，商业银行应依托其技术优势积极研发投资渠道多样化的延迟纳税的理财产品。李彦（2020）强调，应多措并举加强对居民了解及购买延迟纳税养老金产品的宣传引导，政府、商业保险公司要分工配合，综合采取线上与线下等多种渠道强化居民对延迟纳税养老金产品的认知与认可。三是对提前支取养老金设置限制。黄万鹏（2019）指出，个税递延商业养老保险试点关于领取阶段税率的设计存在不足，缺乏针对不同群体以及不同领取年限的差异化税率考虑，建议通过在领取阶段设置较高税率来限定养老金领取的最低年限，同时对终身长期领取养老金设置较低税率，并对缴费期内的欠缴、提前支取养老金等现象制定必要的惩罚措施。章君（2019）提出，对于养老金第三支柱中途退保或提前支取的行为，可借鉴美国 IRAs 中视同一般收入预缴税款并支付罚款的做法，我国可结合实际情况，对中途退保或提前支取建议按"其他所得"项目，适用20%税率计算缴纳个人所得税，并收取罚款，只有达到国家政策规定的情形支取时才免交上述款项。四是完善相关配套制度。锁凌燕（2018）建议关注个税递延商业养老保险的试点地区及时间选择、制度设计运行、养老金保值增值等方面的问题。崔军（2018）建议，将个税递延商业养老保险缴费限额与工资增长及通胀变化等情况挂钩并进行灵活调整，可以有效提升个税递延商业养老保险的吸引力。宋凤轩（2018）提出，税收征管能力、税收优惠力度是个税递延商业养老保险试点的主要掣肘因素，应通过搭建涵盖居民收入、投保及税收缴纳等情况的信息系统予以解决。何亚平（2019）认为，养老保险第三支柱快速发展要求高效的管理运行体系与之相配套。高姿姿（2019）认为，相关法律制度的健全完善事关养老保险第三支柱的规范发展。

（5）财税政策支持养老保险第三支柱发展的国际经验。郑秉文（2016）对美国、英国、加拿大、德国、日本、法国、瑞士、荷兰、意大利、西班牙、瑞典、芬兰、韩国等国家养老保险体系和商业养老保险发展历程的分析指出，各国普遍采取灵活多样的税收优惠政策激励养老金第三支柱发展。孙宏（2017）基于美国、英国、德国、智利第三支柱养老保险制度的比较指出，四国均对个人储蓄型养老保险给予免税、补贴等多种优惠政策来激发个人意愿，带动个人将部分本打算储蓄或消费的资金转向购买商业保险。中国保险行业协会（2018）全面分析了美国、英国、德国、日本、澳大利亚等八个国家和地区养老金体系及第三支柱的发展情况，并对各国个人税收优惠养老金进行了详细介绍。胡继晔（2019）认为税收优惠是养老保险第三支柱发展的关键，甚至美国的"401K 计划"就直接源自税法条款。杨燕绥（2021）指出，公共政策的推动是 OECD 国家私人养老金得以快速发展的重要原因，其中税收优惠政策激励企业和个人参与私人养老金计划，为私人养老金的发展提供了直接动力。

1.3.3 国内外研究文献述评

综上所述，国外学者对养老保险第三支柱的研究较早，发达国家养老保险第三支柱的制度建设较为完善，论述各国养老保险制度的相关文献较为充分，当前研究的重点是各国养老保险第三支柱发展存在的问题及应对建议。我国养老保险第三支柱发展处于起步阶段，专家学者从我国建立养老保险第三支柱的客观需要、现实基础及相关政策建议进行了探讨，形成了较为丰富的研究成果，但仍存在一些问题和缺陷。比如，对于养老保险第三支柱制度的内涵与外延还存在较大的分歧，缺乏对养老保险第三支柱已有政策和最新动态的跟踪分析，对于个人养老账户制度的建立、养老保险三支柱间的资金流动及资本市场制度建设等方面的研究分析仍显不足，尤其是对改革试点的实证分析和效果评估的研究较为欠缺，对于国际经验阐述缺乏系统的比较分析和深度解读。

关于运用财税政策支持养老保险第三支柱发展，目前相关研究成果较多且具有一定决策参考价值，但仍存在不足。一方面，国外激励养老保险第三支柱发展的财税政策不仅注重政策本身的模式选择与适用群体，而且注重通过其他相关制度的设计完善来充分发挥财税激励政策的作用，但这一点在目前国内的相关研究中并未被充分认识到。国内学者关于激励养老保险第三支柱发展的财税政策的设计过多聚焦于关于 EET 模式和 TEE 模式的讨论上，在介绍各国发展第三支柱的经验做法时，对与养老金制度改革密切相关的各国经济发展情况和所处社会阶段的关注不够，尤其很少考虑国外的税制和相关法律法规与我国的差异，没能充分考虑与我国国情的契合度问题，导致在借鉴国外经验时存在机械模仿和似是而非的现象。另一方面，国内关于如何运用财税政策激励养老保险第三支柱发展的政策建议大多由社会保障领域专家学者提出，并未受到广大财税领域专家学者的高度关注，仅个别财税专家对此发表了看法，导致目前的研究对于制定怎样的财税激励政策、税收优惠模式和对象群体以及税率设置等内容关注不够，或者没能充分结合当前我国财税运行的实际情况提出切实的政策建议。同时，国内学者在个税递延商业养老保险的定量研究方面，很少利用保险精算原理，且由于我国直到 2018 年才正式开启养老保险第三支柱试点工作，相关数据严重缺乏，导致目前的相关研究以理论为主，对政策实施的实证研究较少。因此，未来关于养老保险第三支柱财税激励政策的研究还需要在理论层面进行重构和系统化，在实证层面要更多基于延税型保险、养老理财产品等个人养老金产品的试点情况进行测算评估与政策研究。

1.4 研究思路与内容

本书主要研究如何通过完善财税激励政策提升我国养老保险第三支柱的参与率、覆盖面和公平性，在厘清养老保险第三支柱与财税支持政策的关系的基础上，回顾我国养老保险第三支柱及相关财税支持政策的实践历程，归纳总结各国运用财税政策激励养老保险第三支柱发展的共性特点与经验启示，最后提出优化我国养老保险第三支柱发展财税激励的政策建议。在研究思路上遵循"理论分析—实践历程—国际经验—政策建议"的逻辑，在研究内容上主要包括四部分。

第一部分，养老保险第三支柱与财税政策的理论分析。对养老金第三支柱、个人养老金等重点概念进行介绍，从养老保险第三支柱的属性、特征与功能出发，阐述政府政策介入第三支柱发展的理论依据，从财税激励政策是第三支柱发展的制度引擎出发，阐明财税政策在第三支柱发展中的功能和财税政策激励第三支柱发展的机理。

第二部分，养老保险第三支柱发展与财税政策支持的国内实践。从我国养老保险体系演变、我国养老保险第三支柱发展历程和财税政策支持第三支柱发展的现状三个层面，对我国养老保险第三支柱发展及财税支持政策存在的问题及原因进行梳理分析，尤其对我国正式出台的个人养老金税收优惠政策进行分析评价。

第三部分，运用财税政策激励养老保险第三支柱发展的国际经验。在介绍养老保险第三支柱发展国际实践的基础上，总结美国、英国、德国、日本四个国家推动养老保险第三支柱发展的经验，重点分析各国激励养老保险第三支柱发展的财税支持政策，从中得出对我国运用财税政策激励养老保险第三支柱发展的四点启示：一是财税激励对象覆盖各个群体且对重点群体设计专门政策；二是财税激励手段方式灵活且不同养老金计划选择不同政策；三是财税激励政策的实施体现循序渐进原则并统筹第二支柱；四是财税激励政策效果的有效发挥需要一系列配套管理措施。

第四部分，优化养老保险第三支柱发展财税激励政策的建议。针对目前我国养老保险第三支柱发展及其财税支持政策存在的问题与不足，从三个层面提出优化第三支柱个人养老金财税激励政策的具体措施：一是完善第三支柱财税激励实施的制度基础。畅通三大支柱间资金流动、建立自动加入机制、适时推行年金化领取及强化个人养老金监管。二是提升第三支柱财税激励效果的实现路径。坚持效率与公平兼顾、二三支柱统筹激励、量力而行与循序渐进、规范运行与便利性并重等原则，构建多方式、广覆盖的财税激励体系，打通二三支柱财税优惠政策，科学把握财税优惠力度与节奏，强化涉税相关配套制度建设。三是发挥第三支柱财税激励作用的保障措施。大力推动商业养老保险发展、强化养老金融政策激励、优化资本市场生态环境等。

1.5　研究方法

（1）文献研究法。本书收集了大量国内外关于养老保险第三支柱以及财税政策推动养老保险第三支柱发展的文献资料，并且进行了有效的分析、整理、总结，为本书的研究奠定了重要的前期基础。

（2）比较分析法。研究过程中，对美国、英国、日本和德国养老保险第三支柱以及财税政策支持养老保险第三支柱的实施情况进行了充分的比较，并从中得出对我国的重要启示。

（3）历史分析法。从历史发展角度介绍了我国养老保险制度的发展脉络，从中得出我国发展养老保险第三支柱的必要性。

（4）定性分析。遵循理论分析—实践历程—国际经验—政策建议的逻辑思路，总结了典型国家财税政策激励养老保险第三支柱发展的经验，提出推动我国养老保险第三支柱发展财税激励政策的建议。

1.6　创新与展望

本书从理论和实践层面对国内外运用财税政策激励养老保险第三支柱

发展的历程和经验进行了系统梳理，在三个方面的研究内容具有一定的创新性：一是关于养老保险第三支柱与政府财税政策关系的理论阐述，一定程度上弥补了社会保障和财税交叉领域的研究不足。二是关于财税政策支持养老保险第三支柱发展的实现路径提出了个人观点。本书认为短期中，可以根据国家财政情况，适时采用 EEE 模式以及增加财政补贴；长期中，根据不同的群体，分别采用 EEE 和 TEE 税收优惠模式。三是关于我国最新正式出台的个人养老金的税收优惠政策的系统分析应属首次，目前仅有只言片语的零散讨论。

　　研究的不足之处在于：囿于我国个人养老金制度实施办法发布不久，尚未针对个人养老金及其税收优惠政策在社会中的反响和认识开展调查研究，这也是未来研究的一个重要方向。

第2章

养老保险第三支柱
与财税政策的理论分析

本章基于养老保险第三支柱的属性、特征及功能，阐述政府介入养老保险第三支柱发展的依据与合理性，并基于财税政策在养老保险第三支柱发展中的功能和作用机理，阐述了政府推动支持养老保险第三支柱发展的可行性，同时解释了财税激励政策被视为养老保险第三支柱发展制度引擎的客观原因。

2.1 相关概念的界定

2.1.1 养老金的概念界定

养老金是一项重要的公共政策，主要包括公共养老金和私人养老金两个类别。公共养老金一般是指由政府发起设立并强制实施的退休金计划，其起源可以追溯到 19 世纪晚期的德国，当时德国政府为缓和社会矛盾和安抚工人运动，在借鉴商业养老保险经营模式与理念的基础上，引入公共养老金计划，规定工人 70 岁后可以定期领取养老金。随后得到各国的认可和效仿，到 20 世纪 80 年代初，全球已有 12 个国家建立了形式不一的公共养老金制度，产生了较好的社会效应。公共养老金基金收入主要来源于雇主和雇员的缴费或者税收以及政府财政预算资助，在基金出现收支缺口时，政府有义务给予支持以保证给付。公共养老金的覆盖范围一般都比较广泛，基金规模比较大，政府对公共养老金基金投资决策有较大影响力。目前，公共养老金主要采用现收现付制、待遇确定型，以发挥收入再分配功能，促进社会公平。

私人养老金是指由雇主或个人设立并实施的退休金计划。OECD 有关规则中将私人养老金计划表述为：一种由当局政府以外的机构所管理的养老金计划；私人养老金计划可由充当计划发起者的雇主、养老基金或市场机构来管理，并可补充或替代公共养老金。私人养老金具有窄口径和宽口径两种，前者至少包括企业年金、职业年金和个人年金；后者则可定义为所有以市场化形式运营的能够实现养老保障目标的养老金，包括企业年金、职业年金、个人养老金账户、寿险保障类占比 10% 以下的养老保险产品、团体养老保险、养老保障管理业务，以及委托金融机构市场化投资管理的基本养老保险基金、国家养老战略储备基金等。私人养老金的主要目的是弥补公共养老金待遇的不足，提高退休职工的老年生活质量。私人养老金一般采用基金积累模式，通过专业化、多元化、市场化投资运营提供管理效率，控制投资风险，以获得较好的长期收益水平。

目前，全球主要国际组织和越来越多的国家都认可并实施多支柱养老保险体系。部分国家养老金体系改革的经验与教训表明，养老金制度仅靠基本养老金的单一支柱远远不够，多个支柱多个层次的养老金制度有更大的灵活性，有利于风险分散，有助于形成政府、企业和个人共同分担养老责任的机制，能够更好地适应养老保障各主要目标人群的需求进而促进养老金制度实现更多经济社会目标，包括减少贫困、平滑收入和保证收入替代，并为养老金制度应对其可能面临的人口、政治和经济风险提供多重保障。1994 年，世界银行首次提出公共养老金计划、职业养老保险计划和个人储蓄计划的"三支柱"概念，将第三支柱界定为自愿性职业保险和个人储蓄计划。OECD、欧盟、国际劳工组织等国际组织在对三支柱概念定义进一步论证、延展和补充的基础上，对世界银行三支柱的分类进行了一些调整和修正，认为应依据"发起人性质"来划分养老金三支柱，即国家（公共）建立的强制性养老保险制度、雇主（职业）建立的自愿性养老保险计划、个人（个人制度安排）建立的自愿性储蓄制度，相对于世界银行提出的"传统"养老金三支柱理论，这种对养老金的分类更接近现实，更具包容性，并逐渐被业界广泛接受，成为三支柱理论的主流。

2.1.2　养老金第三支柱的概念界定

根据目前主流的养老金"三支柱"理论，养老金第三支柱是与第一支柱公共养老金、第二支柱职业养老金相对应的个人储蓄计划，在广义上泛指个人主动购买的有利于其老年生活保障的所有金融类产品，包括年金、定期寿险、商业养老保险、基金及储蓄等。从各国养老金发展的历史和现状看，各国为积极应对人口老龄化而往往通过税收优惠政策推动养老金第三支柱的发展，政府支持养老金第三支柱发展的税收政策有两类：一是给予消费者的某类养老储蓄行为优惠政策；二是给予养老业某类特许产品以优惠政策，以鼓励消费者购买。因此，依据是否享有税收优惠政策，可将养老保险第三支柱划分为税优第三支柱和非税优第三支柱，前者是由政府税收政策激励、个人自主自愿参与的个人养老金计划，后者是完全由个人自主购买、自主退出的个人养老金计划（见图 2 – 1）。

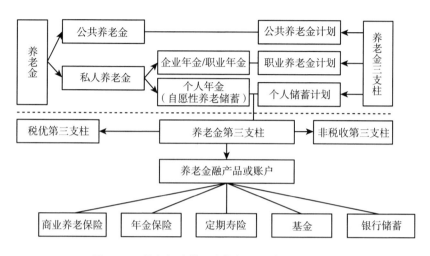

图 2 – 1　养老保险第三支柱相关概念之间的关系

商业养老保险是由保险公司提供的具有养老保障与投资理财双重功能的金融产品，是个人储蓄计划可以购买的一种重要养老金融产品，因而是发展养老金第三支柱的重要对象。商业养老保险的保险对象是人们生命周期或生理机体，当被保险人满足因年龄受限而退休或因保险时间到期时，根据保险合同条款从商业保险公司领取养老金。在广义上，商业养老保险指由商业保险机构管理运营的、用于退休养老而积累的资金安排，包括契约型和信托型；在狭义上，商业养老保险指传统的契约型年金保险，主要是根据银保监会关于人身保险的管理规定，在产品命名规则中的年金养老保险。从参与主体看，商业养老保险有团体和个人两种形态，团体养老保险通常由团体单位或雇主购买，个人商业养老保险则由个人购买，属于养老保险第三支柱。目前，为鼓励养老保险第三支柱发展，部分个人商业养老保险可享受税收优惠政策，可称之为税优个人商业养老保险，属于税优第三支柱。

2.1.3　个人养老储蓄的概念界定

从我国养老保险制度体系看，国家早就提出建立多层次养老保障体系的目标任务，目前基本形成了与国际标准一致的三支柱养老保险制度体系。具体来看，第一支柱是我国的基本养老保险，根据参保对象不同，划分为城镇职工和城乡居民两类，其主要任务是通过社会共济来保障养老的基本生活需求，采取的模式是社会统筹与个人账户运行相结合，该制度已经相对成熟，制度要素齐全且覆盖面不断扩大。第二支柱为年金制度，根据参保对象不同，又分为企业年金和职业年金两类，其目标定位是对基本养老保险给予补充支持，由企事业单位及其职工共同缴费，该制度在我国已有一定发展。第三支柱是一种个人自愿性的养老储蓄计划，在我国包括由政府支持的个人养老金（属于一种个人储蓄型养老保险）和自主运行的商业养老保险两种。

个人储蓄型养老保险又称为个人储蓄型养老金或个人养老金，一般是指政府鼓励个人向在社保部门平台上设立的养老金专门账户进行缴费，个人依据自身风险收益特征自主选择经办机构，自主投资于相应的、符合条件的养老金融产品，是为了积累养老金资产的一种补充保险形式和政策制度安排。一方面，个人储蓄性养老保险由社保主管部门经办，计入个人的养老保险账户，这与个人在商业保险公司自愿投保的商业养老保险存在本质区别。另一方面，个人储蓄性养老金与基本养老保险和企业年金在本质上并无太大区别，区别在于人们缴纳的保费交由谁来打理，基本养老保险的保费由国家负责，企业年金由企业负责，个人养老金更多靠自己。养老金第三支柱的政策框架的实施将依托账户制、由个人自主决策、由国家给予财税优惠政策、实行市场化投资运营养老资金的个人养老金制度。我国于 2022 年 4 月印发《关于推动个人养老金发展的意见》推动个人养老金发展，正式启动了我国养老保险第三支柱的政府制度规划，标志着我国的第三支柱发展进入了一个全新阶段。个人养老金资金账户内的资金允许购买符合条件的具有个人养老金性质的金融产品，如银行理财、储蓄存款、商业养老保险、公募基金等"个人养老金产品"，国家通过税收优惠等政策给予支持。目前我国开展了养老目标基金（2018 年 8 月）、商业养老理财（2021 年 9 月）、商业养老储蓄（2022 年 7 月）等试点。

　　商业养老保险是养老保险第三支柱的另外一个重要组成部分，但仅部分业务能够享受国家的税收优惠政策支持，如延税型商业养老保险。我国于 2018 年由财政部等五部门联合发布《关于开展个人税收递延型商业养老保险试点的通知》，推动了个人税收递延型商业养老保险试点的开展，允许投保人在个人所得税前抵扣一定保险费，同时对保费以及由保费投资形成的收益在养老金领取阶段缴纳一定个人所得税。这种税收优惠政策的目的便是降低投保人的保费压力，鼓励个人积极参加个税递延商业养老保险，这也是调动个人和社会力量共同分担养老金支付压力、积极有效应对老龄社会长寿风险和建立多支柱多层级养老保险制度的全球通行做法。个税递延型商业养老保险作为一种商业养老保险，实际上是国家对个人购买养老保险产品给予税收优惠激励，因而属于一种税优个人养老金和税优第三支柱。此外，2021 年 6 月试点开展的专属商业养老保险虽然目前享受不了税优政策，但它是第三支柱重要的潜在产品形式，未来有望纳入个人养老金制度框架获得税收递延等激励政策支持。有学者指出，个税递延商业养老保险产品被视为第三支柱的 1.0 版本，而个人养老金则被视为对第三支柱进行顶层设计的 2.0 版本（见图 2 - 2）。

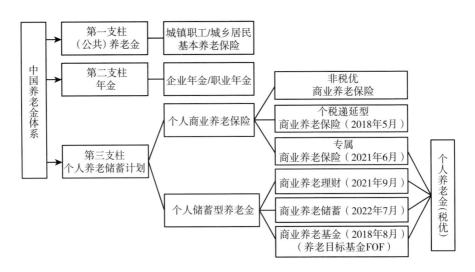

图 2-2   中国养老保险体系及发展现状

2.2   政府介入养老保险第三支柱的理论依据

在现实中，由于垄断、信息不对称等因素的存在，完全竞争的市场基本不存在，市场作为资源配置调节最主要的手段，无法实现资源配置效率的最大化，这时的市场被称为失灵的市场。当市场这一"看不见的手"无法实现效率最大化时，就需要政府这一"看得见的手"进行干预。市场的职责是创造效率，政府的职责是纠正市场失灵。养老金领域存在多种形式的市场失灵，需要政府介入干预加以纠正，以便刺激养老金产品尤其是自愿购买的第三支柱养老金产品的有效需求。

2.2.1   公共物品理论

日常生活的"搭便车"普遍存在，这引发了经济学者的深入研究探讨，其中苏格兰学者大卫·休谟早在 18 世纪 30 年代便据此提出了私人行为的公益性问题，提出了在具有公益性的私人行为中政府有必要介入的观点。之后，英国古典经济学家亚当·斯密对具有公益性产品或行为的类别、提供主体及资金支持进行了深入研究，进而提出了政府的"守夜人"理论，明确了政府的职能定位。美国经济学家萨缪尔森于 1955 年最早对公共产品进行了界定，认为公共产品是由公共部门生产供给并同时具备非排他性和非竞争性两个特性的产品或服务。因此，判断公共产品的标准主要看是否具备其两个基本特征，即一个人在享受某种产品或服务带来的好处时不能排除他人同时享受（非排他性），一个人在使用某种产品或服务时不能对其他人同时使用该产品或服务进行收费以弥补其供给成本（非竞争性），由此也决定了政府应该成为公共产品的主要供给主体。

上述经济学家研究的主要是纯公共产品，布坎南在此基础上于 1965 年创新研究了现实生活中同样普遍存在的"准公共产品"，它兼具纯公共产品和私人产品各自的部分特性。典型的准公共产品如教育、医疗等，此外，社会保障也符合准公共产品的范畴。一方面，社会保障制度是维持社会正常运行的安全网，有助于减少社会贫富矛盾、增强社会发展的稳定性和人民性；另一方面，参与社会保障是每个个体拥有的正当权利，人人都应该得到社会保障的关怀救助。因此，健全完善社会保障制度、对广大民众进行保险救助是政府的天然职责。在当前人口老龄化的形势下，大力发展养老保险第三支柱、构建多层次养老保障体系成为政府完善社会保障制度、为民众提供社会保障服务的重要内容。养老保险第三支柱属于养老保险制度，进而也属于社会保障制度的组成部分，自然也是一种准公共产品，具有明显的公益性，而且与养老保险第三支柱相关的养老储蓄、养老投资、养老消费以及养老金融产品和养老金融业务都具有一定的公益性。可见，养老保险第三支柱的准公共产品属性和公益性要求政府给予财税等各类政策支持。

2.2.2　外部效应理论

外部效应分为正外部效应与负外部效应两种，指的是个人或企业的经济行为对两者之外的第三方在未来产生的非市场化影响，如果是正向的、积极的、对第三方有益的影响为正外部效应；反之，如果是负面的、消极的、对第三方有害的影响则为负外部效应。可见，具有正外部效应的行为更符合社会公众利益要求，但正外部性使产品的价格不能如实反映该产品能带来的实际社会边际收益，使得私人边际收益小于社会边际收益，最终导致有效需求不足。因此，这就需要政府对具有正外部效应的行为进行支持鼓励，比如通过对此类行为给予税收减免或补贴补助，降低私人提供正外部效应产品或行为的成本，进而刺激并增加此类行为的有效需求。

养老保险第三支柱具有典型的正外部效应。投保人主动购买个人养老金产品的行为，主要目的是用这些投保资金保障老年生活需要，属于提前谋划筹备未来年老生活的积极行为，体现了明显的正外部效应。一方面，个人积极参与个人养老金计划可为其在年老时提供稳定的收入，从而为其安享晚年提供保障；另一方面，老人有了养老金有利于减轻其子女赡养老人的经济压力，为子女积累更多用于投资消费的可支配收入，为经济发展提供更多的资金支持。此外，第三支柱养老金也可以用于生产投资，提高资本市场的流动性，进一步带动经济增长。养老保险第三支柱参保人能够享受养老金投资及税收减免等多重收益，在第三支柱投保人不断增加时，整个社会因养老压力减轻而更多受益，即第三支柱产生了正外部效应，此时私人的边际收益低于社会的边际收益，而且私人的边际成本大于社会的边际成本，如果不能得到政府对购买个人养老金产品的减税或补贴，私人很可能由于缺乏独自承担高额保险费用的动力而不参保，私人购买养老金产品的积极性将大打折扣，进而导致全社会私人购买的养老金产品数量达不到实现社会均衡的养老金产品数量，即私人养老金产品的购买量不足。因此，政府需要通过财税优惠政策降低私人购买养老金产品的成本，由此激励私人积极购买养老金产品，进而推动养老金第三支柱快速发展。

2.2.3　信息不对称理论

逆向选择是在信息不对称情况下，拥有信息少的一方作出不利于另一方的选择，现实经济中信息不对称是普遍存在的，这种行为不利于整个市场的交易活动。最早提出信息不对称会引发逆向选择这一观点的是美国经济学家肯尼斯·约瑟夫·阿罗（Arrow），他研究了医疗保健市场的信息不对称问题，发现投保人为选择自身利益最大化的投保方案而故意不公开其自身健康和疾病信息，而保险公司则由于不能精准掌握投保人的健康状况而遭受损失。另一位美国经济学家乔治·阿克尔洛夫（Akerlof）在此基础上提出了"逆向选择"的概念及其作用机理：商品买卖双方存在信息不对称问题，购买商品的一方很难掌握商品的质量性能，这会为销售商品的一方所利用并卖给购买者质量性能较差的产品，由此导致优质商品逐渐被劣质商品赶出市场，整个市场最后被劣质商品充斥而难以正常运行。之后，专家学者将逆向选择理论引入保险市场，发现逆向选择成为保险市场失灵的一个重要成因。保险买卖双方关于身体健康状况的信息存在不对称问题，健康与疾病情况投保人自己最清楚，但保险公司很难掌握全部详情，因而投保人不会向保险公司提供其自身健康状况的全部详细信息而引发道德风险，这导致保险公司为不受欺骗而将所有投保人都视为患有疾病，对其收取高额的保险费用。久而久之，来投保的都是有病之人、健康者不来投保的逆向选择问题，保险市场就难以存在了。

与普通的保险市场类似，养老保险市场同样存在信息不对称及由此引发的逆向选择问题,这一问题可通过政府干预加以解决和避免。如我国的基本养老保险由政府强制全体居民参加,加之政府通过财政补贴等方式不断扩大参保人群范围,即使城市没有工资收入的群体和农民也都被纳入基本养老保险参保范围,因而基本养老保险市场的逆向选择现象基本不存在。但养老保险第三支柱尤其是个人养老金由个人自主决定是否参与,存在严重的逆向选择问题。第三支柱养老金产品主要由商业养老保险公司提供,商业养老保险公司需要依据投保人健康状况及预计寿命的平均水平确定相应的养老金产品类别和保费标准。但对于投保人而言,预计自己寿命越长则投保积极性越高,因为未来能够领取的养老金将越多;反之,预计自己寿命越短则越不愿意投保。这就会导致第三支柱养老保险市场中寿命长的投保人较多而寿命短的投保人较少,商业保险公司将因实际支付的养老金大于其预期金额而陷入两难困境。如果不提高保费则无法持续经营,但如果提高保费又会进一步减少预计寿命短的投保人数量,进一步加剧逆向选择问题,影响商业养老保险市场的可持续发展。此外,对于众多身体健康且低收入者而言,购买第三支柱养老保险产品的意愿不强烈、积极性不高,主要体现在:一是与普通投资行为没有差异。个人参与养老金第三支柱,需要通过长期缴存进而投资专属的养老金融产品实现,与自己进行基金定投等长期投资差异不大。二是牺牲了资金的流动性。第三支柱养老金只能在达到退休等条件后方可支取,中间长达数十年无法自由支配。三是退休后增加了一部分收入来源,可能导致达到缴纳个人所得税的界限。而通过税收优惠政策,纳税的在职职工,尤其是收入较高的群体能从参与第三支柱养老金上获得明显好处,即少缴税费,参与的积极性较高,如果税收优惠政策的优惠力度进一步加大,预期有意愿参与的人群会进一步扩大。因此,政府需要及时介入干预第三支柱养老保险市场,通过出台相应的税收优惠和财政激励政策,激发人们的投保热情,有效推动养老金第三支柱的发展。

2.2.4　机制设计理论

美国经济学家哈维茨（Hurwiez）最重要的理论贡献是开创了机制设计理论，其中的激励相容指的是在市场经济中每个理性经济人都趋于自利，个人行为会往对自身有利的方面发展，如果一个制度设计既能符合个人的利益，又契合集体价值最大化的目标，那这个制度安排就是激励相容。从企业角度看，激励相容即企业通过相应的制度安排，既能充分调动员工工作的积极性，又能维护企业的利益，从而解决个人利益与集体利益之间的冲突矛盾，达到个人与集体利益的最大化。从国家角度看，国家通过相应的制度安排来实现预期目标，同时通过匹配集体、个人的利益诉求来鼓励各参与主体参与，这样就达到了激励相容的效应。

对于养老金第三支柱而言，国家的目标是提升养老金资产储备，因此通过提供税收优惠政策，鼓励个人参与养老金第三支柱个人养老金计划。对个人而言，参与养老金第三支柱不仅为自我养老资产储备提供了一种路径，更可以享受国家提供的税收优惠政策，因此参与的积极性提高。个人参与养老金第三支柱享受的税收优惠政策能够带来两个明显好处：一是直接少缴税款。对大部分的参保人而言，第三支柱养老金待遇领取阶段的税率要远低于其在职时适用的个人所得税税率，参与第三支柱即可直接省掉一部分税款。二是隐性税费减少。现行综合税制下，每年缴存允许抵扣额度后降低了应税税基，使得个人年缴纳的个人所得税降低。对企业而言，引导员工参与相当于解决了员工退休后的待遇问题，是企业福利的体现。因此，国家通过提供税收优惠政策来鼓励个人参与养老金第三支柱，契合国家、企业、个人三方的共同利益，达到了激励相容的效果。

2.3　财税激励政策是第三支柱发展的制度引擎

2.3.1　养老保险第三支柱的属性、特征与功能

1. 养老保险第三支柱的属性

第一，从宏观层面看，养老保险第三支柱属于准公共产品，具有公益属性。养老保险第三支柱作为基本养老保险的有效补充，归属于社会保障领域，社会保障是一种准公共产品，因而养老保险第三支柱是与公共医疗、公共教育等类似的一种准公共产品。"准公共产品"介于纯公共产品和私人产品之间且同时具备二者的属性。早期判断公共产品的经典标准是一种产品是否具有在受益过程的非排他性和使用过程的非竞争性两大基本属性。其中，非排他性是指一旦某项特定的物品被提供出来，便不太可能排除任何人对它的消费；非竞争性则是指消费过程中，某些人对某一产品的消费不会影响另一些人对这一产品的消费。但在现实中，不满足上述两个属性也并非都不属于公共产品，政府提供的大多数产品都不符合该定义但仍然属于公共产品，因为公共产品的根本属性在于其公益性，准公共产品的本质属性是其社会性，即以社会公平为基础来实现社会成员的共同需要，进而实现社会稳定和社会发展的目标。因此，养老保险第三支柱的准公共产品属性源自社会保障的准公共产品属性，养老保险第三支柱作为一种准公共产品，同时具备一定程度的非竞争性、排他性和公益性。

第二，从微观层面看，养老保险第三支柱作为一种养老金，具有"养老风险保障"和"投资"双重属性。养老金是职工退休后从国家或保险公司领取的生活保障资金，一般在退休日期到某一终止日期（因死亡或其他原因而确定）之内按一定时间频率（月或年）定期获取。养老金的主要作

用在于为个人老年基本生活消费提供收入保障，养老金缴费累积期间形成大量需要进行投资管理的资金。可见，养老金实际上具备了"长寿风险保障"和"投资保值增值"的双重属性。因此，养老保险第三支柱的顶层制度安排应综合考虑各方面因素确定其侧重的属性，并以此确定不同主体在其发展中的作用，尤其要确定政府与市场、企业与个人在养老保险第三支柱发展中的定位。从全球实践看，欧美国家普遍将个人养老金等同于其他类别的金融产品，因而要求个人养老金投资管理必须符合相关的金融监管制度。英国和德国更多强调个人养老金的"长寿风险保障"属性，因而要求个人养老金业务只能通过商业保险公司经营，其运行相应必须符合保险业的监管规则。美国和加拿大侧重个人养老金的投资属性，尤其重视个人养老金与资本市场的互通功能，因而要求个人养老金的投资管理符合证券监管相关规定。

2. 养老保险第三支柱的特征

第一个特征是政策激励性。与个人普通的自主金融投资相比，参与养老金第三支柱可享受国家税收优惠，个人缴存的第三支柱养老金可以在税前扣除，以此鼓励个人参与，提升个人的养老资产储备。税收激励是养老金第三支柱发展的引擎，在某种程度上，没有税收政策的支持，就没有真正意义上的第三支柱。各国激励第三支柱的财税政策将在后续阐述。

第二个特征是完全积累性。养老金具有储蓄、保险和再分配三大功能。美国经济学家马丁·费尔德斯坦和杰费里·李伯曼给出两大养老金制度划分标准：一是依据养老金待遇计发方式可以分为确定缴费型（DC）和确定给付型（DB）；二是依据养老金基金的资金循环方式则可分为积累制和现收现付制。不同的机制产生不同效果，在现收现付制下，以同一时期在职人员的缴费来支付退休人员的养老金，以当年或近期内资金收支的横向平衡为资金筹集和待遇支付的原则，具有很强的再分配功能；而积累制则是参保人员在工作期间以固定缴费率在养老金账户上积累资金，由投资管理机构对账户进行投资管理，参保人员退休后按个人账户积累的养老金资产数量领取养老金，基本上是遵循"参保人员自养"的原则，具有很强的储蓄和保险功能。两种模式机制各有利弊，能够实现不同的功能。为此，大多数国家养老金体系同时存在两种机制，通常公共养老金采取现收现付制，由政府直接运营、体现国家责任，实现再分配功能；而私人养老金则采取完全积累制，实现储蓄和保险的功能。在完全积累制下，个人养老金的根本来源是个人的强制储蓄，个人养老金资产积累速度与水平完全取决于其以往缴费、管理费用及投资业绩等，个人养老金收益与其一生收入正相关。完全积累制下的个人养老金制度绩效主要取决于投资，投资风险由参保人员个人承担，如果投资风险过大，不仅无法获取预期收益，甚至还可能危及本金。为此，大部分国家积极依托资本市场获得长期稳定收益，同时对于各类资产（特别是风险资产）的比例设有较为严格的限制，并对管理费用的收取设限。

第三个特征是自愿普惠性。第三支柱养老金实行个人自愿原则，与基本养老保险和企（职）业年金相比，养老金第三支柱个人养老金制度不受雇主影响，不依托于单位，面向全国所有的居民开放，个人可自主决定是否参加。符合条件的个人自主决定是否参保，参与人在政策规定的限额内自主确定缴费金额，自主选择账户管理银行，自主选择投资产品，充分尊重了个人选择权，体现了制度的自主性。绝大部分国家对于个人养老金采取自愿的方式，政府通过税收政策的优惠，让利于民，让社会公众看到实惠，引导并鼓励其参与。这一点有别于公共养老金的强制性质，以及职业年金的半强制性质或采取自动加入机制来提升制度覆盖率。在个人养老金领域，个人拥有比较充分的自主权，主要体现在参加与否及其程度、选择管理人或经办机构、资产组合配置及待遇的领取形式等方面。一是个人自主决定参加与否及多大程度上参加。个人养老金本质上是个人对自己养老保障负责的一种表现，个人可以根据自身收入水平、家庭负担、投资能力以及保障水平等实际情况，决定是否参加以及参加程度。通常政府的税收规则会非常清晰，个人参加程度不同，缴费不同，所能享受到的财政税收优惠或补贴也会不同；而超过限额的部分则需要正常纳税。正是基于这一特点，大部分国家个人养老金的覆盖率要低于公共养老金和职业养老金。如何提高个人养老金的覆盖率是能否有效发挥其作用的前提，也是制度设计时需要考虑的问题之一。二是个人可以自主选择管理机构或产品。个人养老金计划产品形式灵活多样，不同金融机构提供形式不同的产品，以满足不同群体的差异化养老保障需求。但通常在适格的管理机构发行的适格产品范围内，个人可以自主决定购买。如德国的里斯特个人养老金计划就包括里斯特养老保险、银行储蓄计划、基金储蓄计划和住房里斯特计划四种形态，个人可以自主选择和转换。三是个人拥有较为充分的投资选择权。个人养老金具有鲜明的个人完全产权属性，全部资产及收益在扣除必要的税收和费用之后全部归参保人所有。从产权上分析，个人养老金为私有产权性质，所有权属于个人。个人拥有投资决策权，享有收益权，并承担相应的投资风险，权利与义务、收益与风险相对应。由于个人拥有比较充分的自主权，面对复杂的决策时，惰性（保持原状）和拖延症（明确再做决定的想法）均会影响个人决定，同时大部分居民缺乏应对复杂养老金投资组合的专业技能。为此，大部分国家一方面监管要求对个人养老金投资采取稳健的投资策略以严控风险，另一方面提供默认投资工具选择，以提高效率，减少纠纷。四是个人自主决定待遇的领取形式。个人养老金的待遇领取主要有一次性领取和年金化领取两种形式，个人可自主选择。但为防范老年贫困风险，保证所累积的养老金资产能够真正用于养老保障，通常各国限制一次性领取，并通过规则引导个人选择年金化领取，甚至要求年金化领取或购买商业年金保险产品。如美国传统型 IRAs 在缴费环节延迟缴纳税金，在领取环节征税，59.5 岁之前提取须缴纳 10% 的罚金，但在补偿大额医疗费用、失去工作能力、支付高等教育费用和第一次购房时则可免除罚金。而德国的里斯特计划则允许参保人员将 20% 的积累资产在退休时一次性领取，其余部分则应采取定期领取的方式，并规定年龄达到 85 岁的退休者必须年金化其账户资产。

第四个特征是市场运营性。养老金的管理方式主要有政府直接管理、公共机构管理和私人机构管理三种。对于养老金第三支柱，绝大部分国家是采取市场化运营模式，以便更好地发挥市场机制在资源配置中的基础作用。个人养老金的市场化运营主要体现在经办机构、投资工具、投资范围及投资规则的市场化。政府不直接管理基金或产品，而是通过立法、税收、限定投资工具和投资范围等实施间接的监督和控制，并从市场经济中寻求支持，将政府管理责任转移给商业保险公司或其他金融机构经办，经办机构在政府制定的游戏规则下运作并发挥其作为市场机构的有效管理、适度竞争以及网络健全等优势，提高管理效率。个人养老金是银行、证券、保险、基金等多行业同台竞争的市场，但由于历史、经济、文化及对养老金的认识理念等方面的原因，各个国家不同类型金融机构在管理个人养老金资产领域所发挥的作用不同。大部分国家认同个人养老金投资环节的金融产品属性，欧洲国家更注重养老金与保险业之间的联系，强调养老金在老年收入保障方面的作用，甚至将养老金纳入保险监管的框架。例如，目前英国个人养老金主要有团体个人养老金、个人存托养老金和自主投资式个人养老金三种类型，主要由商业保险机构提供，其中团体个人养老金是契约型合同，只能由保险公司经营，保险公司在个人养老金市场占有近 90% 的份额。而拉美国家则更注重养老金与资本市场、投资之间的联系，强调养老金的投资属性，通常将个人养老金纳入证券监管的框架之中，基金占有更大的市场份额。我国长江养老等专注信托型养老金资产管理业务的养老保险公司就属于 OECD 所界定的养老基金（pension funds）。

养老保险公司应当在包括个人养老金在内的养老保障体系中积极发挥主导作用。

第五个特征是双峰监管性。养老金面临人口风险、宏观经济波动风险、政治风险、资本市场波动风险、投资与管理风险等；而且"委托—代理"问题所引发的逆向选择和道德风险可能直接引起养老金资产的滥用和欺诈，进而引起系统性风险和养老金制度的不可持续。为此，各国普遍加强对养老金的监管，这既是防范风险的需要，也是制度增信的需要。税优个人养老金的监管主要涉及税收和运营行为两个方面，大多采取财政税务部门和金融监管部门"双峰"监管体制。通常财政税务部门负责制定税收政策，并进行监管，其主要目的是维护公平。如在美国，财政部负责制定个人养老金的税收优惠政策，国税局具体监督执行税收优惠政策。金融监管部门负责对投资等运营行为进行监管。在运营行为监管环节，各国差异较大，主要体现在监管主体的确定及监管方式的选择等方面。个人养老金均交由金融机构经办，但在监管主体的确定上主要有三种情形：一是双主体监管，主要是在英国、澳大利亚等采取"双峰"金融监管体制的国家，如在澳大利亚，审慎监管局和证券投资委员会均对个人养老金实施监管，前者偏重对机构、产品及治理的监管，后者则偏重对投资行为的监管。二是与保险业合并监管，如 2008 年金融危机后欧盟设立了"保险和职业养老金管理局"，强调养老金与保险的联系，将养老金纳入保险的监管框架。三是与证券业合并监管，如在美国，证券交易委员会依据《证券法》《证券交易法》《投资公司法》等监管养老金资产管理机构和各类投资产品，但保险公司经营的年金保险除外。在监管方式上，主要有"自由型"和"约束型"两种类型。前者仅从"审慎人规则"入手，监管和规范养老金管理人的内部控制、治理结构和信息披露等，对其投资行为几乎没有任何限制；后者则还对投资的资产、地域及比例进行限制。各国养老金监管方式的选择既有历史文化的因素，更有经济及资本市场发育成熟度等因素。

从趋势来看，出现了两种方式的融合，特别是 2008 年国际金融危机后，大部分国家积极倡导两种方式的并用。

3. 养老保险第三支柱的功能

养老保险第三支柱是多层次多支柱养老保障制度的一个重要方面，也是积极应对人口老龄化、缓解第一支柱基本养老金支付压力和私人养老金发展不充分等多重问题的重要举措。养老保险第三支柱制度作为保险的一种，本身具备储蓄、再分配和保险等社会功能，而作为国家支持的养老保险制度，第三支柱具备了更多的政治功能。养老保险第三支柱的功能具体体现在四个方面。

第一，对国家公共养老金、职业养老金的补充性功能。一方面，养老保险第三支柱有利于促进养老保险体系整体功能的充分发挥。从储蓄和再分配功能看，养老保险第三支柱通过增加养老储蓄带动全社会生产性储蓄的增长，进而通过较低的社会成本改进收入再分配的效果。另一方面，养老保险第三支柱对于养老保险制度有效应对人口老龄化、减轻基本养老金支付压力及充分满足居民养老需求具有重要的补充作用。具体表现为三个方面：一是养老保险第三支柱可成为政府公共养老金不足时的最后保障，尤其在公共养老金因政府重大决策失误而发生养老金支付危机时，完全由个人积累的养老资金可为充实养老资产储备提供补充性支持。二是养老保险第三支柱可对第二支柱予以补充性支持，以企业年金和职业年金为主体的第二支柱职业养老金计划需要以就业为前提，导致灵活就业者等非正规就业群体无法参与，而将这部分人群纳入私人养老金体系恰恰是第三支柱的制度优势。三是与强制性的第一支柱和第二支柱相比，第三支柱最大的优势在于其非强制性、参与自愿性、缴费灵活性、产品和机构选择自主性，这本身就属于养老保障制度与时俱进的发展与进步，有利于满足更高层次的养老需求。

第二，对个人生命周期消费的平滑功能。按照消费者生命周期理论，个人为保证生命周期各个阶段都能拥有足够的资源和资产用于消费，往往会对较长一个时间段的消费支出进行提前规划，平滑生命各个阶段的消费水平。养老保险第三支柱使个人能够实现其终身收入的生命周期再分配，即通过养老储蓄将成年期的收入配置到老年期使用，由此抵消老年期收入水平下降对消费能力的下降。这主要是由人力资本的消耗性与无法交易特性决定的，个人在年轻时的人力资本丰富而在年老时人力资本几乎耗尽，由于无法将年轻时充裕的人力资本转移或留存到年老期，因而只能将年轻时人力资本赚取的收入通过养老储蓄累积到年老时用于消费。因此，养老保险第三支柱实际上是对个人人力资本的重新配置，通过未来养老储蓄投资收入来抵消年老时人力资本报酬的下降，以资本收入来替代工资收入，实现个人平滑终身消费的需求。

第三，助力居民养老观念转变的引导功能。目前全球面临养老金支付压力与养老金存量积累差距不断拉大的困境，广大民众养老意识不足且养老准备不充分。一些国家居民通过储蓄存款为养老做准备，但储蓄收益率偏低导致养老储蓄很难充分保值增值，同时并非所有的储蓄存款都属于为养老而进行的长期积累。养老保险第三支柱为居民养老储蓄存款提供了一种更容易保值增值的选择，对个人养老金资产的市场化投资管理可不断优化居民的资产配置。另外，居民参与养老保险第三支柱有利于推动其不断强化个人养老的责任和风险防范意识，引导居民逐渐形成自主进行投资养老的理念与习惯。

第四，为资本市场提供长期资金的稳定器功能。养老金属于长期资金，其来源相对稳定且规模往往较大，将第三支柱个人养老金投入资本市场进行市场化投资运营，有助于推动资本市场的扩容增量与稳定增效。主要体现在三个方面：一是养老保险第三支柱有助于减轻长短期资产错配程度。养老金经过资产管理机构的专业化管理可成为资本市场中的直接融资资金和中长期资本金，有效缓解目前普遍存在的以短期资金进行长期投资的错配风险。二是养老保险第三支柱可为资本市场增加重要的机构投资者。资本市场需要长期稳定的大量资金和能够提供此类资金的机构投资者，个人养老金对于机构投资者提高投资决策的科学性和实现长期性的价值投资具有极大的促进作用。三是第三支柱养老金可与资本市场发展实现良性互动。资本市场投资环境的不断成熟有利于确保投保人养老金实现最大程度的保值增值。反之，个人养老金通过资本市场的专业化投资运营实现保值增值，在切实保障保险购买者利益的同时，有利于带动资本市场的不断成熟发展。同时，养老金投入资本市场后有利于其更充分发挥价值投资功能，在为资本市场提供长期稳定资金的同时，有利于减少资本市场的投机现象和波动性，因而成为资本市场的稳定器和压舱石。

2.3.2　财税政策在养老保险第三支柱发展中的作用

在养老金体系中，市场的职责是保证运作机制的财务可持续性，市场机制在养老金领域的实现形式包括提供私人养老金计划、受托管理养老基金、承办公共养老金业务等。政府制定和调整养老金公共政策的基本前提是正确界定政府和市场的边界，各国在养老金制度改革中都致力于合理界定政府与市场的边界。政府干预市场的手段主要有两种：一是立法，通过法律约束来规范个人的行为；二是税收，利用税收政策改变成本和收益的关系。两种手段的效应一致，均是引导市场的参与者通过重新权衡利弊进而选择取舍。对于养老保险第三支柱的发展，政府同样运用法律和税收两种工具予以激励和规范引导。

政府激励养老保险第三支柱发展主要通过财税政策吸引更多人参加个人养老金计划，从效率角度主要是给予购买个人养老金产品税收优惠或政府补贴。同时为实现效率基础上的公平，在给予个人税收优惠时，通常在缴费阶段设置享受税收优惠的缴费限额，只有一定缴费额度内才可以享受税收减免，以此防止富有人群滥用税收优惠政策。

1. 对购买个人养老金产品直接给予政府补贴

财政补贴是指国家从特定经济社会政治任务出发，由政府财政部门安排专项资金给予市场主体特定行为的一种鼓励性补助。养老保险第三支柱具有准公共产品、正外部性效应属性且面临逆向选择等问题，个人购买第三支柱养老金产品的积极性不高，政府直接对购买个人养老金产品给予一定额度补贴和奖励，可直接降低个人的保费缴纳成本，从而对个人购买第三支柱养老金产品产生激励作用。目前，部分国家对符合养老保险第三支柱相关资格的公民及商业保险公司签订满足特定标准的个人养老金合同，直接给予财政补贴。在我国，直接给予财政补贴适用于基本养老保险待遇下降的、收入水平较低的和缺少收入来源的人群，对这部分人群购买第三支柱个人养老金产品给予一定额度的财政补贴，有利于提升民众参与养老保险第三支柱的意识和积极性，同时也有利于增强社会的公平性。

2. 对购买个人养老金产品进行税收减免和抵扣

政府的作用在于通过财税激励政策推动个人养老金发展，即政府通过让渡税收收入，激励企业和个人参加各种形式的私营养老金计划，进而提升商业养老保险的需求，以弥补公共养老金替代率的下降，提升制度可持续性。在政府财税优惠政策激励下，经合组织国家的私营养老金快速发展，2000~2017年，私营养老金的给付水平提高0.3%。2017年，经合组织国家以平均占GDP 0.5%的税收减免支撑了占GDP 1.5%的私营养老金支出，税收减免对养老金支出的放大效应高达3倍之多（见表2-1）。

表 2 - 1 OECD 国家养老金给付支出占 GDP 之比 单位：%

国家	方案类型	私营养老金计划中的给付支出占比			公共和私营养老金支出	私营养老金税收减免占比
		2000 年	2017 年	2017 年较 2000 年变化	2017 年	2017 年
澳大利亚	m	2.9	5.0	2.1	9.0	2.1
奥地利	v	0.6	0.7	0.1	13.7	0.0
比利时	v	1.3	1.1	-0.2	11.6	0.2
加拿大	v	3.9	5.5	1.6	10.3	2.2
智利	m	1.1	1.5	0.4	4.3	0.2
哥伦比亚	m		0.4		6.3	
哥斯达黎加	m		0.2		5.1	
捷克	m	0.2	0.4	0.2	8.1	
丹麦	q/m	0.0	1.8		10.4	
	v	2.4	0.6	-1.9		
爱沙尼亚					6.5	0.7
芬兰	v	0.3	0.2	-0.1	12.0	0.0
法国	v	0.3	0.3	0.0	13.9	0.1
德国	v	0.7	0.8	0.1	11.0	1.1
希腊	v	0.0	0.1	0.0	15.6	
匈牙利					8.5	0.1
冰岛	m	2.3	4.1	1.8	6.7	0.0
爱尔兰	v	2.8	1.0	-1.8	4.7	0.3
以色列	v	0.7	1.3	0.5	6.0	1.2
意大利	v	1.1	1.1	0.0	16.8	0.1
日本	m	0.4	0.3	-0.1	11.9	
	v	2.8	2.2	-0.6		
韩国	m	0.5	0.7	0.1	3.5	
拉脱维亚					6.8	0.1
立陶宛					6.2	
卢森堡					8.5	
墨西哥					2.7	0.2
荷兰	q	4.5	5.6	1.0	10.8	

续表

国家	方案类型	私营养老金计划中的给付支出占比			公共和私营养老金支出	私营养老金税收减免占比
		2000 年	2017 年	2017 年较 2000 年变化	2017 年	2017 年
新西兰					4.9	
挪威	v/m	0.6	1.0	0.5	7.9	0.3
波兰					10.6	
葡萄牙	v	0.2	0.6	0.4	13.4	0.0
斯洛伐克	v	0.2	0.3	0.1	7.6	
斯洛文尼亚					10.4	0.6
西班牙	v	0.0	0.4		11.3	0.0
瑞典	q/m	1.7	3.1	1.5	10.3	
瑞士	m	4.0	5.3	1.3	12.0	1.3
土耳其					7.4	
英国	m	0.4	0.7	0.3	10.9	0.9
	v	5.4	4.6	-0.9		
美国	v	3.7	5.3	1.6	12.4	1.0
OECD 平均		1.2	1.5	0.3	9.2	0.5

注：m、q、v 分别代表强制性、准强制性和自愿性私营养老金计划。

资料来源：OECD Social Expenditures Database（SOCX），www. oecd. org/socail/expenditure. htm；OECD Main Economic Indicators Database，http：//stats. oecd. org/mei/.

　　第三支柱养老保险的运作主要包括三个阶段：一是缴费阶段，即年经时养老金的积累阶段，表现为钱从买方流向保险公司；二是投资阶段，即养老金的运行阶段，将商业养老保险金向其他经济主体投资，进而获取投资收益，实现商业养老保险金的保值增值；三是领取阶段，即达到退休等条件后在个人养老金账户内支取资金。各个阶段都涉及两种税务处理，即税收减免 E（exempting）和正常征税 T（taxing），对第三支柱养老金的各个阶段给予不同程度的税收优惠，可以激励个人更积极主动加入个人养老金计划。根据对养老保险第三支柱三个阶段各自的两种不同税务处理方式，可将个人养老金税收优惠政策划分为三个类型、八种模式（见表 2 - 2）。

表 2 - 2   养老保险第三支柱税收优惠政策类型与模式

税收优惠模式	养老金缴费阶段	养老金投资阶段	养老金领取阶段	税收激励类型
EET	免税	免税	征税	税收递延型
ETE	免税	征税	免税	
ETT	免税	征税	征税	
TEE	征税	免税	免税	非税收递延型
TET	征税	免税	征税	
TTE	征税	征税	免税	
EEE	免税	免税	免税	特殊型
TTT	征税	征税	征税	

第一类是递延型税收激励，即在养老金缴费阶段免税（缴费可在税前抵扣），将征税递延至养老金领取阶段或者养老金投资阶段，具体包括 EET、ETE 和 ETT 三种税收优惠模式。第二类是非递延型税收激励，即在养老金缴费阶段不免税（税后缴费），但对养老金投资收益或者养老金领取免税，具体包括 TEE、TET 和 TTE 三种税收优惠模式。第三类是特殊类型税收激励，即在养老金缴费、投资和领取三个阶段都免税或者都给予一定税收减免，具体包括 EEE 和 TTT 两种税收优惠模式。不同的税收优惠模式适合不同的群体，为分析比较上述"三类八种"第三支柱税收优惠政策的利弊特点，现举例如下：假设缴费 1000 元，年收益率为 5%，各个阶段适用税率均为 10%，投资期限 5 年，各种税收优惠模式下的养老金积累和缴税情况见表 2 - 3。

表 2 - 3   三类八种第三支柱税收优惠政策效果比较   单位：元

税收优惠模式	年缴费额	税后资产	投资收益	养老金积累额	领取阶段应税额	净收入
EET	12000	12000	3315.38	15315.38	1531.54	13783.84
ETE	12000	12000	2983.84	14983.84	0	14983.84
ETT	12000	12000	2983.84	14983.84	1498.38	13485.46
TEE	12000	10800	2983.84	13783.84	0	13783.84
TET	12000	10800	2983.84	13783.84	1378.38	12405.46

续表

税收优惠模式	年缴费额	税后资产	投资收益	养老金积累额	领取阶段应税额	净收入
TTE	12000	10800	2685.46	13485.46	0	13485.46
EEE	12000	12000	3315.38	15315.38	0	15315.38
TTT	12000	10800	2685.46	13485.46	1348.55	12136.91

　　从税收优惠政策的激励效果看，在同等条件下，个人养老金净收入从高到低分别为 EEE、ETE、EET、TEE、ETT、TTE、TET、TTT，但制定养老保险第三支柱税收优惠政策必须综合考虑国家与个人、长期与短期等多方面因素，最终选择适合各国国情的最佳模式。首先，EEE 和 TTT 模式都过于极端，仅能兼顾国家和个人中的一方，因而在目前实行"三支柱"养老保障体系的国家中没有实践。EEE 模式对养老金积累的税优激励效果最好，但政府彻底放弃养老金缴费应征收的税款需要以殷实的财政收入为后盾，否则将给国家财政带来不小的减收压力，同时该模式也容易引发恶意逃避税及猖狂洗钱等不法行为，违背税收的公平原则。TTT 模式对养老金积累的激励效果最差，虽然能够保证政府财政收入不受影响，但会产生严重的重复征税，反而会对居民参与养老保险第三支柱产生负面影响。其次，ETE 和 EET、TEE 相比，ETE 模式下的参保者可获得更多的养老金积累额和税收优惠额度，但该模式也会使得政府流失过多的税收收入带来较大的财政负担，而虽然 EET 和 TEE 模式下参保者可获得的养老金积累额和税收优惠额度不及 ETE 模式，但这两种模式一定程度上兼顾了国家的承受能力，同时税收激励效果相对较优。再次，ETT、TTE 与 TET 模式，对养老金缴费、投资及领取三个环节中的两个环节进行征税，这三种模式对政府税收的影响较小，但三种模式下参保者可获得的养老金积累额和税收优惠额度均偏少，对个人而言税负较高，尤其对我国而言，本身大部分的投资收益就不征税，因此会对个人参保意愿产生消极影响，对居民参与养老金第三支柱完全没有激励作用，这就会导致养老金第三支柱的参

与率较低，无法匹配政府为养老金第三支柱投入的人力、物力、财力及制度成本。

关于 EET、ETE 和 ETT，虽然都属于延税模式，但其作用效应有一定差别（见表2-4）。从税优政策为投保人带来的收益角度看，三者从高到低的排序为 EET、ETE、ETT。虽然 ETE 模式仅对第三支柱养老金的投资收益征税，但对个人投资及收益情况的精准掌握存在难度，导致这个环节的税收征管成本很高，尤其在我国对个人投资收益未开征资本利得税，实行 ETE 模式反而增加了投保人的税收负担，实际上很难产生明显的激励效果。再结合各国的个人所得税均实行累进税率制，个人在职工作期间的收入水平高，因而适用较高的个人所得税税率，此时对其购买第三支柱养老金产品给予税收抵扣和减免有利于个人实现税收利益最大化，而在个人养老金提取阶段的税率往往远低于缴费阶段的税率，因而 EET 模式对个人参与养老保险第三支柱的激励效果最好。而 ETT 模式虽然也在第三支柱养老金缴费阶段给予延迟纳税的优惠，但在养老金投资阶段和领取阶段均征税导致了双重征税，大大限制其对投保人的激励作用。

表2-4　　　　　　　　三种递延型税收优惠模式比较

税收优惠模式	征税阶段	优势	弊端
EET	领取阶段	使参保人可获得资金的时间价值，对参保人有一定激励作用	若不加以限制，高收入者可能进行过度避税，加剧不公平现象
ETE	投资阶段	本金不征税，只对投资收益征税，优惠力度较大	政府税收减少幅度较大，若不加以限制，高收入者可能进行过度避税，加剧不公平现象
ETT	投资阶段领取阶段	投保当期不缴税，对参保人有一定激励作用；对本金和投资收益征税，政府税收损失减少	在收益累计制度下投资收益重复纳税，税收优惠力度较小

由此可见，EET 和 TEE 模式能够同时兼顾国家和个人的利益，因而养老金第三支柱的两种典型模式，其中 EET 模式最为主流，在各国的应用最

为广泛。EET 和 TEE 两种模式各有优势和弊端，既有共同之处也存在不同（见表 2 - 5）。首先，两者分别在养老金领取阶段和养老金缴费阶段征税而无重复征税，更能发挥税收的公平性与效率性，同等条件下两种模式下参保者可获得的养老金积累额和税收优惠额度相同。从政府的税收上看，虽然缴费阶段征税的对象为缴存的本金，领取阶段征税的对象为本金及投资收益，但对大部分纳税人而言领取阶段适用的税率是低于其在工作时适用的税率，因此两种模式下政府的税收收入差异不大。其次，EET 更适合高收入人群，其适用的边际税率高，享受的税收优惠也多。中低收入人群则更倾向于选择 TEE 模式。从参与意愿上看，EET 模式要优于 TEE 模式，因为人们往往较为关注当下的利益，而且 TEE 模式是自己用税后的资金进行缴费投资，看上去跟个人自主投资没有区别，个人对税收优惠的感知不强。再次，虽然两者在养老金净收入上相等，但两者征税的时点之间存在较长的时间间隔，即 EET 模式意味着征税的时点处于将来领取养老金的阶段，而 TEE 模式意味着征税时点处于养老金的缴费阶段，因而缴费阶段和领取阶段的税率差异将对两种模式的激励效果产生重要影响。这里假设某一国家第三支柱养老金的个人参保时间、投资回报率及允许税前抵扣的缴费额度一致，但养老金缴费阶段和领取阶段的税率不相同，分析比较 EET 和 TEE 两种税收优惠模式下参保人能够实现的养老金净收入情况。如果用 N、R、A 分别表示投保年数、养老金净收入和缴纳的保险费，T_1 和 T_2 分别表示缴费阶段和领取阶段的税率。那么，投保 N 年后两种税优模式下投保人的养老金净收入分别为：$R_{EET} = (1 - T_2)A(1 + r)^N$，$R_{TEE} = (1 - T_1)A(1 + r)^N$，$\Delta R = R_{EET} - R_{TEE} = (T_1 - T_2)A(1 + r)^N$。当 $T_1 > T_2$ 时，税率在缴费阶段高于领取阶段，$\Delta R > 0$ 表明 EET 模式下投保人的养老金净收入大于其在 TEE 模式下的养老金净收入；当 $T_1 < T_2$ 时，税率在缴费阶段低于领取阶段，$\Delta R < 0$ 表明 EET 模式下投保人的养老金净收入小于其在 TEE 模式下的养老金净收入；当 $T_1 = T_2$ 时，税率在缴费阶段和领取阶段相同，$\Delta R = 0$ 表明两种

模式下投保人的养老金净收入相等。因此，在同样的税收体制下，EET 与 TEE 两种税优模式的激励效果主要取决于投保人基于税率差异的收益权衡。

表 2 - 5　　　　　　　　　　EET 和 TEE 两种模式比较

税收优惠模式	优势	弊端	适用人群
EET	（1）将本来应该当期缴纳的税收延迟到退休缴纳，避免了双重征税； （2）使参保人可获得资金的时间价值	（1）实际享受税收优惠的人群有限，对中低收入人群意义较小； （2）对政府的税收征管能力提出更高要求； （3）若不加以限制，高收入者可能进行过度避税，加剧不公平现象	高收入人群
TEE	（1）税后缴费，可增加账户持有人的选择，扩大覆盖面，提高税收优惠的惠及范围； （2）投资和领取阶段免税避免了双重征税	对于后期政府的财政负担较重	中低收入人群

第 **3** 章

养老保险第三支柱发展
与财税政策支持的国内实践

　　我国养老保险第三支柱在我国养老金制度改革和养老金体系演变中酝酿并不断发展。为了能更好地了解养老保险第三支柱发展的背景及基本情况，有必要系统地梳理我国养老保险制度的历史沿革。我国的养老保险制度改革大体上经历了三个时期：计划经济体制时期、市场经济体制改革初期以及20世纪90年代以后。养老保险第三支柱在各个阶段都得到了不同程度的发展。同时，运用财税政策支持并推动养老保险第三支柱发展的实践也不断丰富，如2018年的个税递延商业养老保险试点和2022年的个人养老金税收优惠政策相关规定。本章在梳理我国养老保险第三支柱与财税政策支持实践的基础上，重点分析与评价目前我国养老保险第三支柱的财税激励政策。

3.1 养老保险体系演变与发展第三支柱

3.1.1 养老保险制度的历史沿革

1. 计划经济体制下的养老保险制度

中华人民共和国成立后，我国在城镇地区的企业和机关事业单位建立了与计划经济体制相配套的养老保险制度，单位承担了工作人员由于生老病死和伤残等原因而造成的生活困难的全部责任。1951 年，中央人民政府政务院正式颁布实施《中华人民共和国劳动保险条例》，要求为企业职工提供劳动保险（包括养老金补助费等养老待遇）。但是这一条例没有覆盖城镇未就业居民和农村居民。自此，养老金"多轨制"格局初步形成。1958 年，国务院颁布了《关于工人、职员退休处理的暂行规定》和《关于工人、职员退职处理的暂行规定》，两项规定的实施统一了企业职工和国家机关工作人员退休制度。至此，几乎所有的城镇全民所有制企业、机关企事业单位都建立了相应的养老保险制度。

在计划经济体制下，国有企业与国家之间的利润分配关系仍属于"统收统支"模式，养老保险制度反映了国家和城镇职工特有的契约关系，即国家通过单位付给个人工资，并通过单位为职工提供各项福利，单位代表国家发放退休金。从本质上看，社会保险成了企业保险。计划经济体制下的养老保险采取了现收现付制的模式。即在职职工缴纳的养老保险费用来支付已经退休的上一代人的养老金支出，实现了代际收入再分配，有利于发扬隔代养老的传统美德。同时，现收现付制以支定收，基金一般没有结余，从而避免了基金管理中的一系列问题，如保值增值压力大、管理成本高等。但是，由于现收现付制下，基金少有结余，所以在人口老龄化程度不断加剧时，必然造成在职人员的缴费负担重，从而出现少缴、欠缴或拒缴的问题，进而产生的收不抵支的问题只能依靠财政兜底解决，给政府财政带来较大的支付压力。受"文化大革命"的影响，20 世纪六七十年代，我国养老保险制度遭受了重创，劳动部门被取消，养老保险陷入瘫痪状态，无人管理；退休金社会统筹被取消，改由企业营业外列支，由企业自行负担，社会保险实际上倒退为"企业保险"。

2. 市场经济体制改革初期的养老保险制度

20 世纪 70 年代末，我国养老保险制度进入恢复时期。1978 年，全国人民代表大会通过并正式实施《国务院关于安置老弱病残干部的暂行办法》和《国务院关于工人退休、退职的暂行办法》，对国有企业职工和机关、事业单位工作人员的退休条件和待遇水平作了统一规定。这个时期实行了统一的养老保险制度，但是由于养老保险基金没有实现社会统筹，因而本质上仍是"企业保险"，而不是真正意义上的"社会保险"。自 1978 年我国开始对外开放和进行市场经济体制改革，原有的由企业发放养老金模式的弊端逐步显现，主要体现为不同企业的养老保险负担不均衡，这成为养老保险制度改革需要解决的首要问题。

伴随着市场经济体制改革，这一时期养老保险制度改革主要体现在两个方面：一是建立养老金社会统筹账户。随着 1983 年和 1984 年对国有企业的两步"利改税"，退休费用社会统筹制度在国有企业试点推广。1986 年国务院下发《关于发布改革劳动制度四个规定的通知》，要求全国建立县、市一级的退休费统筹机制，对参加统筹的企业要求按照一定的缴费率建立统筹基金账户，从而打破了"企业保险"模式，在一定范围内实现了社会统筹。二是拓宽了养老保险制度的实施范围。除私营企业、乡镇企业职工外，几乎所有类型企业职工都被纳入了养老保险的覆盖范围。1983 年国务院分别颁布《关于城镇集体所有制经济若干政策问题的暂行规定》和《中外合资经营企业劳动管理规定实施办法》，前者要求城镇集体企业根据自身财务状况，在缴税之前提取社会保险金，逐步建立社会保险制度；后者要求中外合资企业按照国营企业标准支付职工的劳动保险费用。但总体来看，该时期的养老保险制度在筹资方式上仍属于现收现付制。

3. 20 世纪 90 年代以后养老保险制度的改革

进入 20 世纪 90 年代，我国养老保险制度的赡养率迅速上升，现收现付制养老金的发放压力大增，同时受国际上其他国家养老保险制度改革的影响，我国养老保险制度开始在筹资模式上进行改革探索与尝试，逐步转向"统账结合"制度。

这一时期国家出台了一系列文件，推动养老保险制度向"统账结合"模式改革。1991 年，《国务院关于企业职工养老保险制度改革的决定》指出，应改变养老保险完全由国家、企业包办的做法，逐步建立起基本养老保险、企业补充养老保险和职工个人储蓄型养老保险相结合的制度，由国家、企业、个人三方共同负担。自此，我国养老保险三支柱发展模式初步形成。1993 年，党的十四届三中全会通过《中共中央关于建立社会主义市场经济体制若干问题的决定》，提出城镇职工养老保险实行社会统筹和个人账户相结合的模式，并于 1994 年全面开展统账结合账户的试点工作。1995 年，国务院颁布《关于深化企业职工养老保险制度改革的通知》，进一步明确社会统筹与个人账户相结合成为城镇企业基本养老保险制度的改革方向。1997 年，国务院颁布《关于建立统一的企业职工基本养老保险制度的决定》，明确在全国范围内建立统一的社会统筹与个人账户相结合的养老保险制度，并进一步扩大养老保险的覆盖范围，城镇所有企业及其职工都被纳入基本养老保险的覆盖范围之内。该文件在我国养老保险制度改革的历程中具有里程碑意义，标志着我国养老保险制度从现收现付制向

"统账结合"的部分基金积累制转变。

在"统账结合"模式下，建立社会统筹账户和个人账户，企业和个人缴费按照一定比例分别存入社会统筹账户和个人账户。社会统筹账户采用现收现付制，个人账户采用完全基金积累制。社会统筹账户的资金由政府统一管理使用，个人账户的资金属于个人养老储蓄。退休人员领取的养老金包括两部分，一部分来源于社会统筹账户，另一部分来源于个人账户的积累。统账结合账户结合了现收现付制和完全基金积累制的优点，体现了公平与效率兼顾的原则，不仅实现了代际收入再分配功能，又能充分调动参保人的参保积极性。由于账户中有一定的资金积累，所以更能适应人口老龄化对于养老保险的需求，减轻了当代人的缴费压力和政府的财政负担。

受养老保险制度变更的影响，1997 年后，我国养老保险的参保人被划分为三类："老人""中人"和"新人"。"老人"指的是在统账政策实施前已经离退休的人员；"新人"指的是在 1997 年统账政策实施后参加养老保险的职工；"中人"指的是在 1997 年国务院文件实施前参加养老保险但在文件实施后退休的人员。由于统账结合实施前已经退休的人员（"老人"）没有个人账户资金积累，在当代人缴纳的社会统筹资金不足以支付"老人"退休金的情况下，就会出现地方政府挪用个人账户基金填补空缺，最终导致个人账户出现"空账"运行。为此，1998 年起中央财政连续几年大幅增加养老保险支出，用于补贴部分省份的养老金支出缺口。2000 年 8 月，中共中央、国务院决定设立全国社会保障基金，并成立全国社会保障基金理事会负责管理运营全国社会保障基金。2005 年 12 月，国务院颁布《关于完善企业职工基本养老保险制度的决定》，提出"坚持覆盖广泛、水平适当、结构合理、基本平衡的原则，完善政策，健全机制，加强管理，建立起适合我国国情、实现可持续发展的基本养老保险制度"，并提出企业职工基本养老保险改革的重要内容，包括做小做实个人账户、改革个人账户养老金计发办法以激励参保人参保行为等。

这一时期的养老保险制度改革还扩展至农村人口、机关事业单位人员及社会保险费征缴等方面。在农村地区，农村集体经济于20世纪90年代后出现衰退，多数地区的农村社会养老保险完全由个人缴费，实施效果不理想。2009年，国务院发布了《关于开展新型农村社会养老保险试点的指导意见》，推行新型农村养老保险（以下简称"新农保"），由中央政府和地方政府向农村养老保险提供财政补贴。与新农保相对应，2011年，国务院发布《关于开展城镇居民社会养老保险试点的指导意见》，推行城镇居民养老保险，参保对象为城镇非从业人员和由原农村户籍转变为城市户籍的"村改居"人口。由于筹资和管理方式类似，2015年，新农保和城镇居民养老保险在多数省份实现了衔接和并轨，称为"城乡居民养老保险"。针对养老保险"双轨制"问题，2015年1月，国务院印发《关于机关事业单位工作人员养老保险制度改革的决定》，提出自2014年10月1日起将机关事业单位工作人员及退休人员纳入社会养老保险体系，基本养老保险费由单位和个人共同负担。至此，公务员不再完全靠政府养老，而是和企业职工一样需要自己缴纳一定比例的养老金，机关事业单位与企业在养老金制度上的双轨制正式废除。2018年2月，党的十九届三中全会通过《深化党和国家机构改革方案》，明确为提高社会保险资金征管效率，将基本养老保险费、基本医疗保险费、失业保险费等各项社会保险费交由税务部门统一征收，这为提高社会保险费统筹层次、研究推进适时降低缴费比率奠定了良好基础。2019年4月，国务院办公厅印发《关于降低社会保险费率综合方案的通知》，自2019年5月1日起，城镇职工基本养老保险（包括企业和机关事业单位基本养老保险）单位缴费比例降低，各省、自治区、直辖市及新疆生产建设兵团养老保险单位缴费比例高于16%的，可降至16%；目前低于16%的，要研究提出过渡办法。至此，我国养老保险制度改革迈入一个崭新阶段。

3.1.2　养老保险体系现状及问题

1. 我国多层次多支柱养老保险体系不断完善

经过近 30 年的改革与实践，我国初步建成多层次多支柱养老保险体系并不断完善发展，目前我国养老保险体系包括三个层次：第一层次是政府举办的基本养老保险；第二层次是用人单位内部决策执行的、与就业相关的补充养老保险（包括企业年金和职业年金）；第三层次是个人储蓄型养老保险。

基本养老保险是第一层次也是最高层次，由国家统一政策规定并强制实施，用以保障社会成员退休后的基本生活。当劳动者达到法定退休年龄或因其他原因而退出劳动力市场后，社会保险经办机构依法向其支付养老金等待遇，以保证其基本生活。基本养老保险在多支柱养老保障体系中占据主导地位，发挥兜底和支撑作用。基本养老保险与失业保险、基本医疗保险、工伤保险、生育保险共同构成我国现代社会保险制度，并且是社会保险制度中最重要的内容。我国已经实现养老保险制度的全覆盖，就业和非就业人员都被纳入基本养老保险的覆盖范围，实施了包括机关事业单位基本养老保险、城镇企业职工基本养老保险和城乡居民基本养老保险三个项目。2015 年，机关事业单位工作人员养老保险与城镇职工基本养老保险实现了双轨制并轨。目前城镇职工基本养老保险覆盖范围为城镇各类企业、机关事业单位及其职工、个体工商户、灵活就业人员等。由于政策间的衔接，养老金计发中采取"新人新制度、老人老办法、中人逐步过渡"的方式。2014 年，城镇居民养老保险和新型农村养老保险两项制度合并实施，建立了统一的城乡居民养老保险制度，实现了我国建立覆盖城乡全体居民的养老保险制度的目标。城乡居民养老保险针对不参加职工基本养老保险制度的城乡居民且非公务员、事业单位人员。资金主要来源于个人缴费、集体补助、政府补贴相结合筹资。完善基础养老金和个人账户养老金相结合的待遇支付政策，强化长缴多得、多缴多得等制度的激励机制。伴随着制度的完善，"十三五"期间，我国基本养老保险覆盖近 10 亿人。

第二层次为单位主办、企业及职工自愿建立、市场化管理运作的补充养老保险制度，主要包括企业年金和职业年金两个项目。《企业年金试行办法》第二条规定"企业年金，是指企业及其职工在依法参加基本养老保险的基础上，自愿建立的补充养老保险制度"。1991 年，国家明确提出建立企业职工补充养老保险制度；2000 年，将企业补充养老保险正式更名为"企业年金"；2004 年，《企业年金试行办法》和《企业年金基金管理试行办法》颁布，标志着我国企业年金制度建设进入规范化；2018 年，国家正式实施修订完善的《企业年金办法》，成为我国企业年金领域法规层级最高、最权威的部门规章。《企业年金办法》规定，企业缴费每年不超过本企业职工工资总额的 8%，企业和职工工人缴费合计不超过本企业职工工资总额的 12%。职业年金覆盖范围是机关事业单位及其工作人员，是我国推进养老保险在制度上"并轨"的重要配套措施。2008～2014 年，国家持续推进事业单位分类改革，事业单位及其工作人员的职业年金改革始终与之同步进行。2014 年，国家实施机关事业单位及其工作人员职业年金制度。国家对全国各级机关单位及其工作人员职业年金制度高度重视，2015～2017 年连续制定并实施了多部重要规章制度，建立起了机关单位及其工作人员职业年金制度框架体系，健全了我国机关单位及其工作人员养老保险制度体系。职业年金采取强制建立，费用由单位和工作人员共同承担，单位缴纳费用为本单位工资总额的 8%，个人缴费为本人缴费工资的 4%，由单位代扣。单位与个人缴费基数与机关事业单位工作人员基本养老保险缴费基数一致。

第三层次为个人自愿参加的商业型养老保险，并不限于保险公司的人寿或养老保险产品，凡是能起到保险、保障作用的养老金融产品，包括养老储蓄、养老年金保险、养老目标基金、养老信托、养老理财、住房反抵押等金融产品都在发展之列。其中，个人商业养老保险是以获取养老金为目的的长期人身保险，它是一种特殊的年金保险，也被称为退休金保险，是中国养老保险体系的重要组成部分。个人商业养老保险的被保险人在缴纳一定的保险费以后，就可以从保险规定的年龄开始领取养老金。我国于2018年试点的个人税延型养老保险属于个人商业养老保险的一种，指个人可在税前工资中扣除保费，在退休后再统一缴纳个人所得税，并享受部分退休金免税优惠的商业养老保险。目前第三层次养老金融产品集中于银行储蓄类产品，保险类产品也有一定发展，基金类推出不久，住房反向抵押虽有试点但并未成功，而信托类、证券类则几乎空白，尚未发展出覆盖广泛、保障得力、能起主导作用的养老金支柱。此外，对应世界银行提出的"零支柱"，我国还通过建立福利养老制度、农村"五保户"制度及城乡居民最低生活保障制度，对城乡老年人特别是困难群体提供由政府兜底的养老保障服务。

2. 我国养老保险体系存在的主要问题

目前我国养老保险体系最突出的问题是发展不平衡，"第一支柱一家独大、第二支柱发展缓慢、第三支柱空间不足"，作为第一支柱的基本养老保险占比过大导致对第一支柱过度依赖，作为第二、第三支柱的企业年金和个人商业养老保险还处于发展探索阶段而占比较低，导致补充性养老保险发挥的作用很小。从三大支柱的绝对规模和相对规模看，截至2021年末，基本养老保险、企业年金与职业年金、个人储蓄型养老保险的绝对规模分别为6.8万亿元、3.54万亿元、4亿元，占养老金总额的比重分别为65.76%、34.23%、0.01%。但一般认为，合理的三大支柱比例应接近40%、30%、10%，美国的三大支柱养老保险体系中，第一支柱仅占10%，第二支柱占比最高达到60%，第三支柱占比30%。从参保人数看，截至2021

年末，全国参加基本养老保险的人数约为 10.3 亿人，已经基本实现了劳动人口的全覆盖；参加企业年金和职业年金的人数约 7200 万人，占我国总人口的 5% 左右，覆盖基本养老保险参保总人数不足 7%，其中企业年金仅覆盖不到 6% 的参保职工，覆盖面较为有限。从替代率看，第一支柱内部替代率的差异也较大，机关事业单位职工的养老金替代率更高，而企业职工养老金替代率相对明显偏低。当前企业年金的实际保障水平仅为 3%~5%，商业养老保险的保障水平低于 1%，多层次协同发展的替代率仍存在较大的调整优化空间。从养老资产储备的整体规模看，截至 2020 年，基本养老保险的资金结余为 8.05 万亿元，补充养老保险结余 1.97 万亿元，而个人养老保险结余仅有 0.45 万亿元，三项总和为 10.47 万亿元，总体上第一支柱占多数且未能弥补第二、第三支柱的缺失。

我国养老保险体系三大支柱发展不平衡导致我国养老保险体系的整体可持续发展能力较差，尤其是过度依赖的第一支柱基本养老保险可持续发展面临诸多困境。

第一，第一支柱养老金"空账"问题突出。"空账运行"是我国城镇职工养老保险制度的突出问题。我国城镇职工养老保险实行社会统筹和个人账户相结合的混合制养老保险模式，其中社会统筹部分由企业承担，个人账户部分由个人承担。但在实际运行中，由于采用的是统账结合的运行模式，个人账户只是一个虚拟账户，因此为应对人口老龄化导致的社会统筹资金难以支撑的问题，而不得不动用个人账户的资金。随着人口老龄化程度的不断加深，动用个人账户资金的数量和规模不断增加，从而导致了大量个人账户"空账运行"。中国社会科学院《中国养老金发展报告2021》显示，截至 2021 年底，城镇职工基本养老保险的个人账户累计记账额达到 40974 亿元，而城镇职工基本养老保险基金累计结余额为 31800亿元，即城镇职工基本养老保险基金有接近 1 万亿元的空账。虽然政府不断加大对城镇职工基本养老保险基金的补贴力度，同时在部分省份试点做实个人账户，但做实的速度慢于全国个人账户累计记账额的增速，而且由于全国个人账户累计记账额绝对数额太大，想要做实所有的"空账"还需要大量投入和较长时间，暂时无法做实的个人账户将进一步加重国家财政负担。为了填补基本养老金及社会保障基金缺口，政府加大了财政补贴力度，并划拨国有股权到养老基金账户。截至 2021 年底，全国社会保障基金权益 25980.80 亿元，其中财政性净拨款为 10270.94 亿元，占总权益比重达到 40%。

第二，养老金逐年收不抵支且地区差异明显。我国养老金体系采用"现收现付制"，即使用当年收缴上来的钱来支付当年的养老金。一般认为，当一个地区或国家当年养老金收入不足以支付当年养老金支出时，即可认定为收不抵支。我国养老金自出现收不抵支问题开始，国家每年都会筹集专项资金弥补缺口。自 2014 年起，我国城镇职工基本养老金支出持续超过城镇职工基本养老金收入且差距不断拉大，国家财政每年都给予专项补贴且补贴额度不断攀升。2020 年和 2021 年受新冠疫情影响，城镇职工基本养老金收支缺口大幅增长，2020 年达到 1.5 万亿元，2021 年仍达 3700 亿元，相应的财政补贴分别为 6271 亿元和 6613 亿元，分别占年度公共财政支出的 2.6% 和 2.7%，较 2014 年的 2.2% 上升明显（见图 3-1）。

此外，由于我国养老金采用省级统筹的管理方式，即各省份独立管理自己的养老金缴纳和发放，再加上近年来生育率降低、人口迁移及老龄化程度加剧等多方面因素的共同影响，不同省份的养老金发展情况差别较大，一些省份先后出现了收不抵支的问题，而另一些省份的养老金盈余还比较充裕。2020 年，全国城镇职工养老保险仅北京、湖南、广东、云南、西藏、新疆 6 个省份有结余，其余省份城镇职工养老保险均收不抵支，已经使用往年结余发放当年的养老金，其中黑龙江不仅当年收不抵支，而且自 2016 年开始累计结余已经耗尽，2020 年亏欠金额达到 369 亿元。从年度收支缺口看，8 个省份在 100 亿元以内，9 个省份为 100 亿~300 亿元，8 个省份

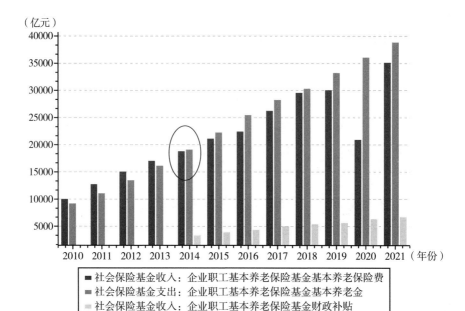

图 3 – 1　2010 ~ 2021 年全国城镇职工养老保险收支及财政补贴

资料来源：Wind 数据库。

为 300 亿 ~ 1100 亿元，其中浙江当年缺口最大，超过 1000 亿元，自 2019 年开始已经连续两年出现缺口，主要受新冠疫情以来部分中小企业倒闭，导致城镇职工养老保险参保人数减少。但从累计结余看，浙江继广东、北京、江苏、四川之后排在第五位，广东由于经济发展较好且年轻人口流入较多，当年结余 544 亿元，累计结余 12338 亿元，均为全国最高（见表 3 – 1）。

表 3 – 1　　　　2020 年全国各省份城镇职工基本养老保险结余　　单位：亿元

省份	当年结余	累计结余
广东	544	12338
北京	207	5763
云南	15	1341
西藏	14	185
新疆	4	1330

续表

省份	当年结余	累计结余
湖南	2	1865
贵州	− 16	878
宁夏	− 24	242
海南	− 34	249
青海	− 42	23
安徽	− 51	1863
陕西	− 60	748
重庆	− 83	1026
福建	− 98	710
甘肃	− 113	377
广西	− 135	631
江西	− 140	724
山西	− 179	1505
天津	− 207	359
湖北	− 241	963
河南	− 261	1079
内蒙古	− 274	408
河北	− 298	642
吉林	− 306	341
四川	− 443	3367
江苏	− 548	4232
黑龙江	− 611	− 369
山东	− 671	1476
辽宁	− 923	226
上海	− 946	1214
浙江	− 1018	2458

资料来源:《中国统计年鉴（2021）》。

第三，养老金管理效率不高。由于养老保险收不抵支，政府一方面需要给予部分地区财政补贴，另一方面也不得不维持基本养老保险的高缴费率，但缴费和财政补贴等方面的管理效率不高。一是缴费率高与逃漏缴费问题突出。费用分担苦乐不均，用人单位社保缴费超过工资的30%，增加了企业的财务负担，同时存在较为突出的逃、漏缴费现象，从而导致实际基金收入与理论基金收入差距较大。城镇职工养老金较高的缴费率不仅对个人及企业造成一定的经济负担，而且会限制养老金第二、第三支柱的发展，导致我国养老保险三大支柱始终难以保持健康均衡发展。二是统筹层次依然不高，目前我国除新疆、内蒙古外，共有29个省份出台了养老保险全省统筹方案，但与全国统筹的要求还有一定差距。三是财政补贴与投资低效并存。自2014年以来，各级政府对基本养老保险累计财政补贴超过4万亿元，但养老金结余基金多以银行存款为主，没有进行多样化的投资管理，难以保证养老金的收益率。另外，养老基金结余支持实体经济发展的能力更弱。

第四，养老金替代率整体水平低。养老金替代率是指劳动者退休时的养老金领取水平与退休前工资收入水平之间的比率。养老金替代率是衡量劳动者退休前后生活保障水平差异的基本指标之一。国际经验表明，基本养老保险与企业年金、个人储蓄型商业养老保险存在显著的负相关关系。基本养老金替代率高，必然挤占企业年金和个人储蓄型商业养老保险的发展空间，如澳大利亚、荷兰，国家强制养老金覆盖率达到70%或以上，而企业年金发展普遍不好。根据国际标准，养老保障最低替代率为55%，维持原有生活水平不变的最优替代率为70%，而目前我国养老金替代率仅为40%，也就是说退休后的收入仅能起到"兜底"作用，难以保障老年人体面养老、尊严养老。然而，在40%的替代率水平中，超过90%的部分是由基本养老金撑起的，第二、第三支柱加起来所占比重不到7%。在人口老龄化背景下，若要确保较高的养老金替代率，重视并发展第二、第三支柱养老保险是必然选择，国外实践也证明了这一点。如美国在公共养老金覆盖率偏低情况下，通过实行401K计划实现了较高的养老金替代率水平。

3.1.3 发展养老保险第三支柱的必要性

1. 应对人口老龄化对养老金制度的冲击需要发展第三支柱

人口老龄化是指老年人口在总人口中的比例持续上升和人口年龄构成的社会发展变化过程，包括两层含义：一是指老年人口相对增多，在总人口中所占比例不断上升；二是指社会人口结构呈现老年状态，进入老龄化社会。当前国际社会关于人口老龄化的划分标准主要有两个：一是60岁以上老年人口占总人口比重超过10%；二是65岁以上老年人口占总人口比重超过7%。达到上述两个标准之一的，即意味着该国家或地区处于老龄化社会。我国老年人口规模庞大，自2000年迈入老龄化社会之后，人口老龄化程度持续加深。2021年60岁及以上人口26736万人，比上年增加992万人，占全国人口的18.9%，比上年提高了0.7个百分点；65岁及以上人口突破2亿人达到20056万人，比上年增加334万人，占全国人口的14.2%，比上年提高了0.2个百分点。据人社部预测，"十四五"期间，我国老年人口将超过3亿人，从轻度老龄化进入中度老龄化阶段。

养老金制度是以老年人口为保障对象的制度，人口老龄化将从三个方面对养老金制度构成挑战。一是人口老龄化可能引起经济衰退，进而使得养老金体系不可持续。资本和劳动是一国或一个地区经济增长的主要源泉，人口老龄化对经济的影响是持续的、多方面的、负面的。主要体现在以下几个方面：数量庞大而老龄化的劳动力资源和结构，可能会导致劳动力资源短缺；人口红利将逐渐消失，人口老龄化将导致劳动人口下降、社会储蓄率下降和投资不足，进而引起经济增长乏力；人口老龄化还意味着年轻人的缴费和养老负担加重，企业的成本上升，进而影响企业经济效益提升。这些将对经济产生负面影响，反过来将会使现有养老金体系的可持续发展面临更大的困难。因经济增长放缓，养老保险缴费收入减少，但养老金支出还存在刚性增长，若不改革势必会出现养老金支付危机。二是人口老龄化直接影响养老金制度财务的可持续性。人口是养老金体系可持续性的一个重要度量，人口老龄化意味着养老金待遇领取人数不断增多，而缴费人数不断减少，未来的年轻人将不堪重负。同时，人口老龄化还意味着人的寿命延长，个体领取养老金的时间将延长，但由于缴费时间不变，这将加大制度的财务压力和基金缺口。当期收入小于当期支付，历年累计结余不足以支付当期需要，最后将导致制度模式无法运作下去。三是人口老龄化影响公众信心，进而影响养老金制度的可持续性。在现收现付制下，合理的人口结构是维系制度的重要前提，但在人口老龄化加重的趋势下，年轻一代人对自己未来养老的信心将下降，对参加制度的信心也将降低，对制度可持续性产生质疑，从而影响整个养老金体系的可持续发展。

面对人口老龄化加重的趋势，各国政府都结合自身国情对养老金制度及相关制度进行调整，包括实行延迟退休政策、将政府职责调整回到保基本等措施以改善制度的财务状况，提升制度的持续性。除此之外，各国政府都积极引导市场介入养老行业来应对人口老龄化对养老金产生的冲击。如发展私人养老金，不仅可以缓解人口老龄化造成的财务危机，同时还有利于国家资本市场的完善，刺激经济增长。商业保险公司可以为个人和家庭提供商业养老保障计划，积极推动商业养老保险税收优惠政策的实施，积极参与个人和家庭商业养老保险计划建设，促进养老基金年金化以保证资金的专项用途。

2. 经济社会进入新常态要求商业养老保险发挥更大作用

当前我国仍处于经济增速换挡期、结构调整阵痛期和前期刺激政策消化期，面临需求收缩、供给冲击、预期转弱的三重压力，我国经济增长速度持续下滑，企业运营效益欠佳，在此背景下政府的财政收入必然受到影响。尤其是 2020 年以来的新冠疫情，使我国正常经济秩序和企业生产经营遭受严重冲击，企业效益的下滑将直接导致直接税增速下滑；受预期盈利下滑的影响，企业生活活动放缓，将导致间接税增速下降。为打赢新冠疫情防控阻击战，中央财政和地方政府陆续出台相关财税政策，不断加大财政资金支持力度，支持企业复工复产、保障经济运行。同时，为纾解企业困难，推动企业有序复工复产，支持稳定和扩大就业，根据社会保险法有关规定，经国务院同意，对企业基本养老保险、失业保险、工伤保险三项社会保险单位缴费部分实行阶段性减免，对受新冠疫情影响生产经营出现严重困难的企业，允许其申请缓缴社会保险费。在此背景下，公共养老金对财政的依赖程度增加，将给财政带来较大压力。同时，受企业效益下滑影响，基本养老保险的缴费压力更加凸显，又会对就业造成压力。

　　大力发展第三支柱和商业养老保险，有益于促进经济增长，有利于实现消费和投资的均衡增长，从而抵减人口老龄化对经济增长的负面影响。商业保险公司可为投保人提供多样化的养老产品并实现养老金保值增值。同时，不断积累的商业养老金可以通过创新运用方式助力国家经济增长。一是商业养老保险具备支持经济增长的客观条件。在政策层面，《关于加快发展商业养老保险的若干意见》对商业养老保险资金的定位明确为"长期投资优势"和"与资本市场协调发展"，可有序参与股票、债券、证券投资基金等领域投资，同时稳步有序参与国家战略实施，助力国有企业混合所有制改革。在实施层面，政府与监管部门对于保险资金运用的法规政策不断创新，从而激发了商业养老保险的发展活力。从负债角度看，商业养老保险资金规模随着投保人数扩大而不断增加，从而为国家经济增长提供资金保证；从资产角度看，商业养老保险资金投资范围不断拓宽、投资收益不断提升，已经成为支持国家经济发展的重要力量。目前，商业养老保险投资领域、范围等不断创新，从传统领域扩大到新兴金融领域、从虚拟经济扩大到实体经济的金融资产、从境内市场扩大到境外市场，从而为商业养老保险资金直接参与国家经济增长建设创造了条件。二是商业养老保险与经济增长相互促进。商业养老保险发展进步与我国经济增长发展具有相互支持、相互促进的作用。一方面，商业养老保险的不断发展可以为经济增长提供资金要素保障，为经济增长提供支持；另一方面，经济增长可以进一步带动商业养老保险的发展。在市场化改革的指导思想下，我国保险监管机关通过"放开前端、管住后端"逐步放开保险资金投资范围，为商业养老保险资金直接参与国家经济增长战略创造了更好的条件。目前越来越多的保险资金投入国家重点、大型的经济建设项目中，特别是交通运输、能源、市政、环保及通信等城镇化建设工程，在国家重点、大型的经济建设中都可以找到保险机构的身影，从共建"一带一路"、京津冀区域协同发展、长江经济带建设等涉及多省份、多项目的经济发展工程，到新疆经济建设、上海自由贸易试验区建设等聚焦具体省份的发展工程，保险资金都承担着重要作用。除经济建设外，保险资金在养老、健康、医疗等民生建设上也是重要参与者，众多保险机构积极参与大健康、大养老的建设。三是发展第三支柱可以进一步提高保险资金服务实体经济的效率。一直以来，保险资金运用是保险业支持经济发展的重要方式。近年来，保险资金不断创新资金运用方式，服务实体经济的发展。第三支柱的发展将更有利于集聚长期资金，从而可以更好地发挥保险资金期限长、规模大、供给稳的独特优势，提高保险资金服务实体经济的效率。第三支柱集聚的资金可以通过债权投资计划、股权投资计划等方式，支持重大基础设施、棚户区改造、城镇化建设等民生工程和国家重大工程；第三支柱集聚的资金可以以债权、股权、股债结合、创投基金、私募基金等方式，向高新技术产业、战略性新兴产业、现代制造业、现代农业等提供长期稳定资金，助力我国新技术、新业态和新产业发展；第三支柱集聚的资金还可以参与国有企业改革，服务政府投融资体制改革，通过公私合营模式（PPP）、资产支持计划等方式满足实体经济的融资需求。

3. 解决养老保险三大支柱不平衡要求大力发展第三支柱

目前我国养老金体系改革虽然取得了巨大成就，但也存在一些问题。其中最突出的就是结构性失衡，没有明确政府、市场、企业和个人各主体的养老责任，尚未建立真正意义上的多支柱养老保障体系。已有的养老保险第一支柱独大，而第二、第三支柱发展滞后；作为第一支柱的公共养老金可持续发展压力大。同时，我国养老资产总量不足，难以适应老龄化的要求。发展税优个人养老金、壮大养老保险第三支柱，有助于解决我国养老金体系存在的结构性失衡和总量矛盾。首先，可以明晰政府、市场、企业和个人的责任定位，真正建立多支柱的养老金体系。要避免一个误区，并不是政府养老保障水平越高越好。福利国家导向型的养老保障水平较高，这意味着政府集中配置的资源较多，而家庭、企业和个人拥有的资源较少。也就是说，更多的资源赋予了政府，而不是留给个人和企业，这样的国家是一个管制型、家长型国家，而不是一个公民自主治理的国家。所以，要明确政府的责任是完善基本养老金制度，关注基本养老保险对参保人退休生活的基本保障功能。同时，降低基本养老保险的缴费率，为第二、第三支柱养老保险提供发展空间。其次，改善养老金体系存在的结构失衡，提升基本养老保险的可持续发展能力。由于制度赡养率逐渐提升、参保人员缴费比例不断下降、对财政补贴的依赖性较大及基金的当期结余减少，我国基本养老保险正面临较大的可持续发展压力。若想实现养老保险制度的可持续性发展，必须通过结构式改革，而不能是在原有的制度框架下修修补补。现行养老保险制度的重要缺陷就是主要依托第一支柱，忽略了第二、第三支柱的发展。所以，要引入结构式改革，利用税收优惠政策促进养老保险第二、第三支柱快速发展，从而实现多支柱养老体系的结构性转换，促进养老保险体系的可持续发展。再次，可以增加养老资产，扩充养老保障资源总量，有效应对人口老龄化的挑战。第三支柱等私营养老金大多基于自我保障，采取积累制，具有长期性、稳定性、累积性等特点，符合"保险姓保"的要求，能够迅速积累管理资产，是国家形成"长钱"的重要机制。国际上大部分经济发达国家通过发展私营养老金积累了大量的养老保障资源，进而提高私营养老金的替代率，减轻对公共养老金的依赖。养老保险第三支柱之所以能够快速积累养老保障资源主要得益于长期锁定机制的设计，以及投资收益和持续缴费。国家在设计税收优惠政策激励民众参与养老保险第三支柱的同时，通常要求参保者不得随意退保或提前领取，以保证这部分资源真正能够用于养老保障。当资金积累到一定规模后，投资收益成为资产规模扩大的主要来源之一。

4. 大力发展养老保险第三支柱有利于优化金融结构

税优个人养老金采取基金制，是形成"长钱"的重要机制，可以积累大量长期养老资产储备，并从以下三个方面优化金融结构。一是有助于平衡间接融资和直接融资。我国金融市场间接融资和直接融资发展失衡，间接融资发展较快，直接融资发展滞后，表现为银行规模一枝独秀，保险行业规模较小。以间接融资为主的金融结构使得系统性风险主要集中于银行系统内部，不利于分散风险。同时，由于银行系统自身的低风险偏好，也决定了银行系统的信贷取向，鲜有将信贷资源向科技型和创新型企业倾斜。因此，以间接融资为主的金融结构不符合经济转型和产业升级对金融行业的要求。养老保险第三支柱以商业养老保险为主，为了实现个人养老金保值增值，商业保险公司会投资于债券、股票市场，并通过股权投资和债权计划进入实体经济，从而有效缓解我国金融领域的结构性失衡问题。二是优化资本市场结构。目前我国资本市场仍处于初级阶段，散户占比较高，在投资中主要注重短期利益，存在较大的短期投机心理。散户的稳定性较差，常规操作就是随股市状况集中购买或抛售股票，很容易造成股市动荡。因此，要改善我国股票市场结构，培育机构投资者，以保证资本市场拥有稳定的资金。通常情况下，养老金和保险金资金量较大，期限较长，最适合培育为机构投资者。养老金和保险公司作为机构投资者，具有专业化程度高、投资计划性强、重视长期投资、投资渠道多元等特点，注重长期投资，关注长期收益，可以增强资本市场的稳定性，促进资本市场良性、健康发展。从某种意义上说，判断资本市场是否成熟的一个重要指标就是看其养老基金占资本市场的比重，国外发达资本市场聚集了大量的养老金和保险公司等机构投资者。养老基金投资注重安全性、价值性、责任性和长期性，决定了养老基金与股票市场是孪生姐妹，二者相互促进，互为前提。对于发展中国家而言，资本市场起步较晚，更应该以养老金作为发展资本市场的重要手段。我国资本市场发育也较为滞后，资本市场中缺少长期的机构投资者，因而发展第三支柱个人养老金是促进资本市场机构优化的有效途径。三是有利于扩大保险和资本市场规模。发展第三支柱个人养老金可以帮助居民树立正确的养老观念，改变居民储蓄偏好，从而引导大量储蓄转移至保险市场与资本市场，促进保险市场和资本市场的发展，进而优化金融结构。目前我国居民的储蓄率较高，其主要的原因也是社会保障体系（包括养老保障）不健全，使得居民倾向于预防性储蓄以防范经济生活中的不确定因素。发展商业养老保险可以保障居民年老后的基本生活，从而引导居民储蓄更多地转向保险市场和资本市场。

3.2　养老保险第三支柱发展现状及困境分析

3.2.1　养老保险第三支柱的理念与实践

1979 年我国养老保障制度发展回归正轨，养老保险第三支柱也从这一时期起步。1984 年，劳动人事部与中国人民保险公司联合发布《关于城镇集体企业建立养老保险制度的原则和管理问题的函》，允许中国人民保险公司开展养老保险业务，为集体所有制企业员工提供"法定养老保险"。中国人民保险公司下属各个地市分支机构开始经办商业养老保险业务，以此作为基本养老保险的补充。1986 年，国务院颁布《国营企业实行劳动合同制暂行规定》，该文件明确了养老保险制度建设中国家、企业和个人的三方责任，探索建立国家基本养老保险、企业补充养老保险和个人储蓄型养老保险相结合的养老保险体系，多层次的养老保险制度初具雏形。1991年，国务院《关于企业职工养老保险制度改革的决定》提出，"企业补充养老保险由企业根据自身经济能力，为本企业职工建立……个人储蓄型养老保险由职工根据个人收入情况自愿参加"，明确提出"补充养老保险"和"个人储蓄型养老保险"的概念，标志着我国养老保险制度体系由单一制度向体系化发展。此后，中共中央和国务院有关文件中陆续提出了"建立多层次社会保障体系"，鼓励发展"企业补充养老保险""商业保险""个人储蓄型养老保险"等表述。在这一阶段，多层次养老保险的相关概念在文件中出现频率较高，但尚处于理论研究层面，没有建立形成统一的制度体系。

进入 21 世纪后，商业养老保险蓬勃发展，业务增速超过同期的 GDP增速。为了规范商业养老保险市场发展，保障投保人的权益，政府加大对商业保险公司管理机构、管理模式的监管，为推动商业养老保险发展奠定了基础。为了满足投保人的多样化需求，商业保险公司也不断开发新产品，使其更有吸引力，进一步扩大了产品的覆盖范围。此后，推动商业养老保险发展的文件陆续出台。如 2005 年，国务院《关于完善企业职工基本养老保险制度的决定》首次明确提出"建立多层次的养老保险体系"。2008 年，保险监督管理委员会发布《保险公司养老保险业务管理办法》，对商业保险公司开发养老类产品做出新规定。同年，国务院办公厅发布《关于当前金融促进经济发展的若干意见》，允许企业购买商业养老保险，为员工建立多层次养老保障体系。政府开始探索促进商业养老保险发展的税收优惠政策，从而为养老保险第三支柱发展奠定了政策基础。2008 年 6 月及 2009 年 4 月，在天津滨海新区及上海进行了税延型养老保险的试点。

2013 年，党的十八届三中全会指出"制定实施免税、延期征税等优惠措施，加快发展企业年金、职业年金、商业保险，构建多层次社会保障体系"。同年，中国保监会发布《养老保障管理业务管理暂行办法》，旨在鼓励保险业加入第三支柱建设，进一步推动其发展。2014 年，国务院《关于加快发展现代保险服务业的若干意见》提出要完善多层次社会保障体系，"将商业保险建成社会保障体系的重要支柱，商业保险要逐步成为个人和家庭商业保障计划的主要承担者、企业发起的养老健康保障计划的重要提供者、社会保险市场化运作的积极参与者；支持有条件的企业建立商业养老健康保障计划，支持保险机构大力拓展企业年金等业务，充分发挥商业保险对基本养老、医疗保险的补充作用"。因此，商业保险成为养老的主要承担者、养老保障计划的重要提供者、社会养老保障的积极参与者、养老服务健康的有力促进者。2015 年，党的十八届五中全会通过的《中共中央关于制定国民经济和社会发展第十三个五年计划的建议》指出要"发展职业年金、企业年金、商业养老保险"。在这一阶段，国家对于养老保险第三支柱的描述逐渐清晰，要求也更为具体明确，个人税收递延型商业养老保险也开始进行试点探索。2017 年，国务院办公厅《关于加快发展商业养老保险的若干意见》提出，以养老风险保障、养老资金管理等为主要内容的商业养老保险产品和服务，是养老保障体系的重要组成部分，发展商业养老保险对于健全多层次养老保障体系具有重要意义（见表 3 - 2）。

表 3 – 2　　　我国鼓励养老保险第三支柱发展的主要政策文件

年份	文件名称	发文机关
1984	《关于城镇集体企业建立养老保险制度的原则和管理问题的函》	劳动人事部、中国人民保险公司
1991	《关于企业职工养老保险制度改革的决定》	国务院
1994	《关于对若干项目免征营业税的通知》	财政部、国家税务总局
2000	《关于印发完善城镇社会保障体系试点方案的通知》	国务院
2005	《关于完善企业职工基本养老保险制度的决定》	国务院
2006	《关于保险业改革发展的若干意见》	国务院
2008	《保险公司养老保险业务管理办法》	保险监督管理委员会
2008	《关于当前金融促进经济发展的若干意见》	国务院办公厅
2013	《养老保障管理业务管理暂行办法》	保险监督管理委员会
2014	《关于加快发展现代保险服务业的若干意见》	国务院
2017	《关于加快发展商业养老保险的若干意见》	国务院办公厅
2018	《关于开展个人税收递延型商业养老保险试点的通知》	财政部、税务总局等五部委
2022	《关于推动个人养老金发展的意见》	国务院办公厅

资料来源：根据中华人民共和国国务院官网、财政部官网披露信息整理。

3.2.2　养老保险第三支柱的试点与发展

我国养老保险第三支柱的内在属性和外延在不断地完善与发展，先后经历了个人储蓄型养老保险、税延商业养老保险及个人税收递延型商业养老保险三个阶段。2008 年，中国保监会首次提出税延养老保险试点意见，2018 年 4 月 12 日，财政部联合税务总局、人社部、银保监会、证监会下发《关于开展个人税收递延型商业养老保险试点的通知》，明确自 2018 年 5 月 1 日起，在上海市、福建省（含厦门市）和苏州工业园区实施个人税收递延型商业养老保险试点，试点期限暂定一年。此次试点是对我国养老保险第三支柱进一步发展的顶层设计，是新时代我国社会保障制度改革具有里程碑意义的事件，也标志着我国养老保险第三支柱制度正式落地并进入加速推动阶段。

2018 年，中国银保监会印发《商业银行理财子公司管理办法》，批准商业银行成立理财子公司开展养老理财业务，使我国养老保险第三支柱的发展正式迈入正轨。2020 年党的十九届五中全会上提出，要立足于"十四五"规划，完善基本公共服务体系、健全多层次社会保障体系，全面推动健康中国建设，实施积极应对人口老龄化国家战略，其重要的战略任务就是要推进养老保险第三支柱业务的创新与发展，从而提升我国居民养老保障水平、减少未来养老支付与负担，推动居民消费能力提升。2018 年至今，国内养老金融产品体系从"雏形初具"到"多点开花"。2018 年 8 月，首批公募养老目标基金获批发行。2021 年《政府工作报告》第一次明确提出要推进养老保险全国统筹，规范发展养老保险第三支柱。2021 年 6 月开展专属商业养老保险试点、2021 年 9 月开展银行养老理财试点，2022 年 11 月开展特定养老储蓄试点（见表 3－3）。2022 年 3 月 22 日国民养老保险公司成立并正式开业，将为我国发展养老保险第三支柱提供相应产品支持，已经推出"国民美好生活养老年金保险"等产品。

表 3－3　　　　　　　　　我国养老金融产品试点情况

产品	开展时间	试点范围	发行机构
养老目标基金	2018 年 8 月	近 200 只，包含目标日期、目标风险两种策略	公募基金
个税递延商业养老保险	2018 年 4 月	23 家保险公司参与试点	保险公司
专属商业养老保险	2021 年 5 月	从浙江省（含宁波市）和重庆市扩大到全国范围	保险公司
银行养老理财产品	2021 年 9 月	从"四地四机构"拓展到"十地十机构"	理财公司
特定养老储蓄	2022 年 11 月	由工、农、中、建四家大型银行在合肥、广州、成都、西安和青岛五个城市开展	银行

    2022 年 4 月 21 日，国务院办公厅发布《关于推动个人养老金发展的意见》，对我国建设多层次、多支柱的养老保险体系具有标志性意义。个人养老金制度是我国社会保障体系顶层制度设计中一项重要内容，是多层次、多支柱养老保险体系的重要组成部分。个人养老金制度实施中，遵循政府政策支持、个人自愿参加、市场化运营的原则，实现了对基本养老保险的重要补充作用。在实施过程中，个人养老金实行个人账户实名制，个人承担全部缴费，实行完全基金制，个人自主选择购买符合规定的个人养老金产品（储蓄存款、理财产品、商业养老保险、公募基金等金融产品），并按照国家有关规定享受税收优惠政策（见表 3 - 4）。但个人养老金仅是国家关于养老保险第三支柱的制度性安排，养老保险第三支柱除了个人养老金之外，还有其他个人商业养老金融业务。

表 3 - 4   我国个人养老金实施办法要点

项目	要点
制度特色	（1）政策支持、个人自愿参加、市场化运营、实现养老保险补充功能； （2）完全积累制，个人缴费，享受税收优惠政策
适用对象	（1）参加人：在中国境内参加城镇职工基本养老保险或者城乡居民基本养老保险的劳动者； （2）参与金融机构：经银保监会确定开办个人养老金资金账户业务的商业银行，经金融监管部门确定的个人养老金产品发行机构和销售机构
产品选择	（1）个人养老金产品（符合规定的储蓄存款、理财产品、商业养老保险、公募基金等金融产品），应当具备运作安全、成熟稳定、标的规范、侧重长期保值等基本特征； （2）个人养老金产品及其发行、销售机构由相关金融监管部门确定，商业银行、个人养老金产品发行机构和销售机构应根据有关规定确定； （3）个人养老金产品发行、销售机构应为参加人提供购买、赎回等服务，在符合监管规则及产品合同的前提下，支持参加人进行产品转换； （4）个人养老金产品销售机构要以"销售适当性"为原则，依法了解参加人的风险偏好、风险认知能力和风险承受能力，做好风险提示，不得主动向参加人推介超出其风险承受能力的个人养老金产品

续表

项目	要点
运营管理	**1. 信息平台** 人社部组织建设的个人养老金信息管理服务平台，对接商业银行和金融行业平台，以及相关政府部门，通过国家社会保险公共服务平台、全国人力资源和社会保障政务服务平台、电子社保卡、掌上 12333App 等全国统一线上服务入口或者商业银行等渠道，为参加人提供个人养老金服务。 **2. 账户制** （1）个人养老金账户。 ①参加人应当通过全国统一线上服务入口或者商业银行渠道，在信息平台开立个人养老金账户；其他个人养老金产品销售机构可以通过商业银行渠道，协助参加人在信息平台在线开立个人养老金账户。 ②个人养老金账户用于登记和管理个人身份信息，并与基本养老保险关系关联，记录个人养老金缴费、投资、领取、抵扣和缴纳个人所得税等信息，是参加人参加个人养老金、享受税收优惠政策的基础。 （2）个人养老金资金账户。 ①参加人可以选择一家商业银行开立或者指定本人唯一的个人养老金资金账户，也可以通过其他符合规定的个人养老金产品销售机构指定。 ②个人养老金资金账户作为特殊专用资金账户，参照个人人民币银行结算账户项下Ⅱ类户进行管理。个人养老金资金账户与个人养老金账户绑定，为参加人提供资金缴存、缴费额度登记、个人养老金产品投资、个人养老金支付、个人所得税税款支付、资金与相关权益信息查询等服务。 ③参加人可以在不同商业银行之间变更其个人养老金资金账户。 **3. 领取管理** （1）个人养老金资金账户封闭运行，参加人达到以下任一条件的，可以按月、分次或者一次性领取个人养老金：达到领取基本养老金年龄、完全丧失劳动能力、出国（境）定居、国家规定的其他情形。 （2）鼓励参加人长期领取个人养老金。 （3）参加人身故的，其个人养老金资金账户内的资产可以继承
税收优惠	（1）缴费额度：参加人每年缴纳个人养老金额度上限为 12000 元，参加人每年缴费不得超过缴费额度上限，人社部、财政部根据经济社会发展水平、多层次养老保险体系发展情况等因素适时调整缴费额度上限； （2）EET 模式：在缴费环节，个人向个人养老金资金账户的缴费，按照 12000 元/年的限额标准，在综合所得或经营所得中据实扣除；在投资环节，计入个人养老金资金账户的投资收益暂不征收个人所得税；在领取环节，个人领取的个人养老金不并入综合所得，单独按照 3% 的税率计算缴纳个人所得税，其缴纳的税款计入"工资、薪金所得"项目

项目	要点
监督管理	（1）人社部、财政部：对个人养老金的账户设置、缴费额度、领取条件、税收优惠等制定具体政策并进行运行监管。 （2）人社部：对信息平台的日常运行履行监管职责，规范信息平台与商业银行、金融行业平台、有关政府部门之间的信息交互流程。 （3）税务部门：依法对个人养老金实施税收征管。 （4）银保监会、证监会：分别制定配套政策，明确参与金融机构的名单、业务流程、个人养老金产品条件、监管信息报送等要求，规范银行保险机构个人养老金业务和个人养老金投资公募基金业务，对参与金融机构发行、销售个人养老金产品等经营活动依法履行监管职责，督促参与金融机构优化产品和服务，做好产品风险提示，加强投资者教育。 （5）银保监会、证监会：对金融行业平台有关个人养老金业务的日常运营履行监管职责

　　个人养老金制度的特点主要表现在三个方面：一是政府政策支持。政府对个人养老金的政策主要体现为税收优惠。个人养老金参加者通过个人养老金信息管理服务平台实名制建立个人养老金账户，记录所有相关信息，以此作为个人参保以及享受税收优惠的基础。二是个人自愿参与。个人在参加基本养老保险后，就可以自愿参加个人养老金制度，缴费时间越长，个人账户积累基金越多。在达到法定退休年龄后，个人养老金按月或分次或一次性转入本人社会保障卡银行账户中，由本人自由支配。三是市场化运营。为了保证个人养老金的保值增值，个人养老金要实现市场运营，购买符合规定的银行理财产品、储蓄存款、商业养老保险、公募基金等金融产品。在选择金融产品过程中，个人养老金的参加者具有充分的自主性，可以自主选择、自主决定买什么、什么时候买。

3.2.3　养老保险第三支柱发展面临的困境

1. 政府层面：顶层设计长期缺位，政策配套有待完善

　　发展养老保险第三支柱是一项系统工程，包括制度安排、参与方式、

运作模式、产品设计等，需要多部门合作推动开展，该项工作的复杂性也是养老保险第三支柱起步早却发展缓慢的重要原因。从试点情况看，相关部门对养老保险第三支柱的定位不准确、架构设计不明确，配套政策措施缺位现象也较严重，同时面临政策覆盖面窄、产品类型单一、平台之间缺少有效沟通等困境。当前，我国个人养老金制度顶层设计已经正式出台，但与第三支柱相关的配套制度仍不够完善，还需要多部门协同，合力推进。

第一，政府政策制度有待进一步完善。一是相关部门间合作不够，多部门合作参与的联动机制不够健全，导致发展第三支柱的相关政策难以落实，市场主体缺少研发个人养老金产品的积极性，市面上的养老金产品与其他理财产品相比缺少足够的竞争优势，难以吸引我国居民主动参与。二是政策停留于宏观指导，缺少详细的操作与实施准则。三是政府未形成规范性的监管制度。目前我国关于养老保险第三支柱的指导政策和制度内容主要来源于保险业和养老服务业等领域的相关文件，尚未出台专门针对养老保险第三支柱的法律法规。同时，缺少完善的监管制度，人社、税务、财政等相关部门的职责没有相对明确的界定。此外，尚未建立透明的信息披露制度，公众不了解养老保险第三支柱的相关政策和资金运行情况，不利于实现自下而上的监督。

第二，第三支柱市场不规范。一是第三支柱养老金融产品缺乏统一的标准和准入门槛。在不同行业主管部门的指导或者支持下，各类金融机构纷纷发行不同类型的养老金融产品，银行业开发养老理财产品，保险业开发商业养老保险（含税延保险）和养老保障管理产品，证券基金业推行养老公募基金和养老私募计划。这些养老金融产品存在很大差异，缺乏统一的标准和准入门槛。二是运营规则亟待细化。养老保险体系三大支柱制度缺少关于投资业务运行规则的具体规定，导致对不同的资金采取相同的投资标准，致使投资人采取利己主义方式进行资金投资与管理。

第三，养老保险三大支柱间未建立账户转移机制。养老金第一支柱实行"统账结合"的方式，个人账户完全来源于个人缴费；第二支柱的个人账户来源于企业和职工的共同缴费；第三支柱的个人账户来源于个人缴费。目前我国第一支柱基本养老保险个人账户的资金缺口问题严重，亟须改变其管理模式，第二支柱企业年金个人账户资金转移不畅。根据目前的养老保险参保情况，第一支柱养老金"一枝独秀"，使得我国养老金第三支柱发展缓慢而影响力有限。

2. 居民层面：传统养老观念普遍，投资养老意识淡薄，收入水平偏低

居民对养老金融产品需求不足是制约我国养老基金积累以及投资运行的重要因素，而居民对养老金融产品需求不足主要源于居民缺乏养老投资意识和意愿、金融投资素质和收入水平总体偏低等原因。

第一，居民普遍缺乏养老投资意识和意愿。一是受传统国家养老观念的影响，居民依赖于政府的基本养老保险，中青年缺乏长期的养老规划，在第一支柱基本养老保险一枝独大、第二支柱企业年金稳步发展的情况下，居民对第三支柱个人商业养老保险缺乏诉求。随着我国基本养老保险实现全覆盖，更使得大多数居民产生了"高枕无忧"的想法，降低了参加商业养老保险的热情。二是受传统儒家思想的影响，居民倾向家庭养老，依靠后代养老，将未来的老年生活寄托于子女身上。同时受个人风险偏好的影响，即使子女无力赡养老人，居民也倾向于将储蓄存入银行，在未来花费储蓄由专业性的养老机构负责照料，而不愿意承受养老金融市场存在的投资风险。所以，受传统养老观念以及投资偏好的影响，居民对于第三支柱个人养老保险需求不足。

第二，居民金融投资素质偏低。一是我国居民普遍缺少金融素养教育，金融知识普及率偏低。对于金融政策法规、市场产品、风险特征等尚未形成良好的认知，更没有形成正确的投资理财观念。我国金融市场建立时间相对较晚，发展相对不够成熟，社会公众对于金融市场规则的认知不到位，大部分居民参与金融市场的资本有限，缺乏了解金融市场的主动性。二是老年群体虽有养老意识但分辨能力不足，加上保险市场销售存在夸大宣传，金融诈骗事件频发，对金融产品信任度降低，影响了其参与养老投资的积极性。我国市场上的金融机构品牌较多，从业人员专业素质参差不齐，鱼龙混杂，投资者依靠自身的专业知识很难进行理性认识、作出正确判断，很容易被不良机构打出的"周期短、收益高"旗号所蒙蔽而进行盲目投资，最终陷入金融诈骗陷阱，使自身资金遭受巨大损失，导致个人和家庭遭到严重打击。三是我国居民不了解个人养老金产品。当前政府部门和主流媒体对我国养老保险第三支柱的宣传力度不足、重要性和意义解读不深，我国居民自身也缺乏动力去了解相关政策导向和未来趋势，导致居民对个人养老金产品的认识不足，认为只要积极进行储蓄就可以解决未来养老问题，缺乏主动参与个人养老金产品投资的意识。

第三，居民收入水平总体偏低。满足国民更高水平的养老需求是第三支柱养老保险制度的政策目标，实现该政策目标的前提是良好的经济基础与财富积累。尽管我国经济社会快速发展已经使一部分群体先富裕起来，但我国的国情仍处于社会主义初级阶段，更大规模国民的收入仍处于相对较低的水平，难以承担需要自己独立缴费的个人养老金产品的相关费用，有限的财富积累极大地限制了防御性养老储备的需求，最终制约了居民的养老投资需求，一定程度上制约了养老保险第三支柱制度的快速发展。

3. 市场层面：市场主体缺乏动力，养老金融产品供给不足

养老保险第三支柱发展除了政府制度顶层设计和居民积极自愿参加外，还需要市场机构的积极推动并提供多样化的养老金融产品。我国在发

展第二、第三支柱养老保险制度时，过多地强调以税优政策作为支持，以政府监督作为保障等先决条件，而忽略了激发市场主体与社会组织的内生动力。

第一，商业养老保险发展动力不足。我国商业保险发展较为缓慢，很大程度上源于保险公司、基金公司等市场主体的主动性未被激发，更多地依靠税收优惠发展，将政策红利置于首位。养老金发挥长期属性需要经历一段较长的投资周期。通过政策的设计，参加人在岗时积累储蓄和投资到退休后领取待遇，利用"时间换空间"，用长期资金化解短期操作的风险，从而实现养老资产的长期稳健和保值增值。然而，从目前我国养老金融市场的产品供给看，其期限普遍较短。在养老金融市场，市场机构过分关注即期利益导致养老金融产品同质化严重，一些保险公司缺乏发展商业性健康保险的动力，热衷于开发短中期理财产品以便实现巨额融资的目标，一些基金公司热衷于短期资本运作，以追求短期暴利，导致养老金融市场上中长期产品的供给极为匮乏，影响了养老金长期投资功能的发挥。

第二，养老理财产品难以满足投资者需求。虽然国家已经批准商业银行设立理财子公司，同时也推出了一系列养老理财产品，但总体而言获批银行和可选择产品种类都较少，且此类产品缺乏明确政策支持。理财子公司推出的养老理财产品的主要运营方向首先是要保障个人资金稳健安全，在此基础上适当布局权益类产品，对金融市场的风险喜好程度偏低。因此目前市面上的大多数养老理财产品，其资产配置以固定收益类产品为主，权益类资产所占比例较小。这种养老理财产品与普通理财产品相似度过高，未能设计出真正能给居民提供养老保障的产品，只是借助"养老"这张名片推出大众化的金融理财产品。所以，这类养老理财产品实际收益率只略高于普通定存产品，难以达到投资者的心理预期回报值，目前我国银行养老理财产品的投资期限平均为163天，信托业产品则通常采用"3＋N"

的模式，保险系主打 1 ~ 2 年的封闭式养老理财产品，只有 3 ~ 5 年的投资期限难以满足投资者横跨整个生命周期的养老投资服务需求和养老保障需要。

3.3 财税政策支持养老保险第三支柱发展现状及问题

支持养老保险第三支柱发展的财税政策属于养老保险税收政策的重要组成部分，我国现行养老保险体系的整体税收政策情况是：第一支柱基本养老保险全阶段实行完全免税政策；第二支柱企业年金和职业年金、曾经试点的第三支柱个人所得税递延型商业养老保险以及最新出台的个人养老金采取的都是 EET 税收递延政策（见表 3 - 5）。

表 3 - 5 我国养老保险税收优惠政策

类型	制度	缴费阶段	投资阶段	领取阶段
第一支柱	基本养老保险	全阶段免税		
第二支柱	企业年金	企业缴费部分不超过工资薪金总额的 8%，其中不超过 5% 的部分可在企业所得税税前扣除；个人缴费部分不超过 4%，暂免征收个人所得税	年金基金投资运营收益分配计入个人账户时，个人暂不缴纳个人所得税	符合退休规定领取年金的，不并入综合所得，全额单独计算应纳税款
	职业年金	适用于机关事业单位，不涉及企业所得税，单位缴费部分固定为工资薪金总额的 8%，个人缴费部分为 4%，暂免征收个人所得税		

续表

类型	制度	缴费阶段	投资阶段	领取阶段
第三支柱	个税递延商业养老保险	个人购买符合规定的保险产品按照（月）应税收入的6%和1000元孰低确定税前可扣除额	计入个人商业养老资金账户的投资收益，在缴费期间暂不征收个人所得税	领取的养老金收入的25%部分予以免税，其余75%部分按照10%的比例税率计算缴纳个人所得税
	个人养老金	个人向个人养老金资金账户的缴费，按照12000元/年的限额标准，在综合所得或经营所得中据实扣除	计入个人养老金资金账户的投资收益暂不征收个人所得税	个人领取的个人养老金，不并入综合所得，单独按照3%的税率计算缴纳个人所得税，其缴纳的税款计入"工资、薪金所得"项目

3.3.1　个税递延商业养老保险政策及问题

1. 个人税收递延型商业养老保险试点总体情况

自2018年5月1日起，我国在上海市、福建省（含厦门市）和苏州工业园区开展了个人税收递延型商业养老保险的试点工作。个人税收递延型商业养老保险主要提供养老金给付、全残保障和身故保障三项保险责任，鉴于三种保险的特殊性，经营中遵循了收益稳健、长期锁定、终身领取、精算平衡的原则。同时，为了方便税收申报及享受税收优惠，中国保信公司提供了个人税延养老保险信息平台，实现了与金税三期数据的对接。试点覆盖两部分人群，一部分是在试点地区取得工资薪金或连续性劳务报酬的个人，以扣缴单位在试点地区为其缴纳个人所得税作为判定标准；另一部分是在试点地区取得连续收入的个体工商户业主、个人独资企业投资者、合伙企业自然人合伙人、承包承租经营者等，以企业的实际经营地是否属于试点地区作为判定标准。若纳税人在试点地区所得来源有两处以上，那么选择在其中一处享受政策，不重复享受政策。

个人税收递延型商业养老保险试点中的税收政策采取递延纳税的模式，即参保人员用于购买符合规定的个人养老保险在税前列支，暂不缴税，在退休领取养老金时缴税，实际上获得了延期纳税的时间价值，因此对于参保人有一定的吸引力。在缴费环节，税前限额列支缴费金额，从而激发投保人的参保意愿。其中限额标准的具体要求为：取得工资薪金、连续性劳务报酬所得等的参保人税前列支的限额不高于当月工资薪金、连续性劳务报酬收入的 6% 和 1000 元中的较低者；取得个体工商户生产经营所得、对企事业单位的承包承租经营所得的个体工商户业主等的参保人税前列支的限额不高于当年应税收入的 6% 和 12000 元中的较低者。在投资运营环节，所得收益不征收个人所得税，从而有利于增加个人养老金积累，增加个人养老金的吸引力。在领取环节，征收个人所得税，参加个人养老金的参保人达到国家规定的退休年龄，即可按照个人的选择按月、按次或按年领取养老金，领取金额的 25% 免于缴纳个人所得税，余下的 75% 按照 10% 的比例税率计算缴纳个人所得税，相当于总体税负按 7.5% 征税。税款由保险公司代缴，全残保障和身故保障保险的缴税方式与此类似。

个人税收递延型商业养老保险试点实施后，引起了社会各界的广泛关注。但是，从试点的实施情况看，取得的成效低于预期设想。试点面临个人参保不积极、保险公司开展业务不积极、有关部门配合不积极的窘境，税收递延型的养老保险还不及没有税收优惠的商业保险养老金。以江苏省为例，2017 年商业保险养老金规模为 98.27 亿元，占人身险保费收入的 3.79%；苏州商业保险养老金 22.4 亿元，占人身险保费收入的 4.97%。[①] 从占比情况可以看出，商业保险养老金占人身险比重较低。然而，在税延型养老保险试点半年中，保费金额仅为 280.4 万元。再如福建省，从试点

---

① 郑秉文. 商业养老保险试点业绩显著，但仍是短板 [N]. 人民政协报，2018 - 12 - 24 (8).

开始至 2019 年 8 月，福建省（不含厦门）试点期内有 16 家保险公司取得税延养老保险销售资质，保费收入仅为 2300 万元（含续期），累计承保 9224 件，备案产品 53 款。而同期福建省（不含厦门）的商业保险养老金实现保费收入 27 亿元，其中新单保费 9 亿元，续期保费 18 亿元。①

2. 个人税收递延型商业养老保险税收优惠政策存在的问题

个人税收递延型商业养老保险之所以会出现"叫好不叫座"、认可程度低的情况，主要原因在于制度和产品设计存在问题，税收优惠政策的局限性影响了税收优惠激励作用的充分发挥。个人税收递延型商业养老保险试点属于我国第三支柱养老金的 1.0 版本，此时个人养老金只覆盖商业保险、税收优惠比例较低、制度设计较为复杂，个人参保必须要有单位予以配合。所以，对高收入群体缺乏吸引力，对中低收入群体无法覆盖，因而实施效果一般。具体而言，个税递延型商业养老保险的试点政策存在四方面问题。

第一，税延型养老保险的受众范围有限。税延型养老保险主要的受众对象是企业员工和包括个体工商户在内的小微企业经营者，而公务员、事业单位职工、农民、自由职业者、暂时失业等群体被排除在外，不符合保险的普适性原则。另外，如果月收入未达到扣税标准或者扣税额低于领取养老金时的缴税金额，那么该项税收优惠就不具备吸引力，而一些高收入群体则会因为税收优惠额度太少而缺乏参加税延型养老保险的动力。同时，由于经济形势不景气、高房价、赡养父母及养育子女等生活压力，当代中年人收入已经捉襟见肘，很难购买税延型养老保险；而对于 50 岁以上的人而言，购买该保险产品已经没有足够的时间来积累资金，税收优惠政策无法为其带来足够的经济效益，所以也缺乏参保动力。

---

① 参见郑秉文在 2019 年 10 月 20 日召开的"个税递延型商业养老保险深化改革与扩大试点"研讨会上发表的《个人税收递延型商业养老保险试点存在的问题与改革的方向》一文。

　　第二，缴费阶段的税收优惠政策力度小。按照 6% 或 1000 元择低原则确定税延额度，以个人所得税最高税率 45% 的纳税人群为例，每月最高节省的税金仅为 450 元，随着个人所得税适用税率的降低，纳税人每月最高节省的税金也在同步下降。对月收入不超过 1 万元的人群而言，购买个税递延型商业养老保险反而会使其税收支出增加。一是个税起征点提高以及专项附加扣除导致税延政策吸引力大幅下降。个税政策调整后适用人群收入相对较高，对 1000 元的税前扣除额度敏感程度下降。从试点数据看，个人所得税调整前个税税率 20% 以上的高收入人群是税延养老保险主要购买群体，但新个税政策实施后，适用 20% 税率以上纳税人数量减少约 80%，适用税延政策的人群大幅减少。对于有能力进行养老储备的中高收入人群来说，限额 1000 元/月的个税递延标准激励作用有限，大部分个人不愿意放弃资金流动性去购买锁定期限长、无显著收益优势的养老金融产品，对于低收入群体和贫困人群，养老储备能力有限且不缴纳个税，税收激励无效。二是通货膨胀因素导致税优政策带动效应进一步下降。假定投保人的税前月收入为 2 万元，投保人从 35 岁开始参加税延险，税延险产品收益率为 4.5%，投保人领取法定养老金的年龄为 60 岁。根据现行试点政策，按每月 1000 元的投入购买税延险，至退休时合计缴费 30 万元，第三支柱养老金累积额约 54.2 万元。假定投保人领取养老金的固定期限为 15 年，则每月实际可领取 3464 元，是其在职时月收入的 17%。考虑到缴费期 25 年间的膨胀因素，加上资金的机会成本，对于纳税人而言，最终获得的第三支柱养老金的替代率十分有限。

　　第三，退休领取商业养老金税率过高。按照个人递延型商业养老保险的税收优惠政策，在领取个人养老金时相当于总体税负按 7.5% 征税。所以，对于缴费期间，个人所得税税率低于 7.5% 的纳税人群，在退休后领取养老金时按 7.5% 的税率缴纳个税，意味着投保税延险只是延迟纳税，并未享受到更多的实质性优惠。尤其在个税新政实施后，2/3 的个税纳税人适用 10% 以下税率，这意味着退休时按 7.5% 的税率纳税，与购买时享受 10% 的个税递延差异不大，因此购买意愿不强。

第四，享受税收优惠政策的流程复杂。一是目前税前扣除限额采用比例和每月上限孰低的计算方式，扣缴手续环节多，投保人及用人单位在操作过程中容易出现疏漏。投保人购买产品前，需先在"中国银保信平台"注册。购买产品后，每月打印税延养老险扣款凭证，并交由所在单位进行申报抵税。而用人单位扣缴人员每月都需要核对投保员工收入的 6% 和保单凭证金额孰低，工作量大。二是当前参保人群以取得工资薪金所得的个人为主，存在按照季度、半年度、年终发放绩效奖金的情况，用人单位处理申报抵税工作量大。2019 年修订的《中华人民共和国个人所得税法》实施后，累计预扣法加上附加扣除等政策，导致计算难度进一步加大。在业务操作上手续环节多，流程冗长，又存在操作风险，这些因素严重削弱了个人和单位的投保积极性，且投保人不能独立地以纳税人身份灵活投保，这是税延险与无税收政策支持的商业保险相比发展缓慢的一个重要因素。

3.3.2　个人养老金递延纳税政策及问题

2022 年 4 月国务院办公厅发布《关于推动个人养老金发展的意见》后，2022 年 11 月财政部、税务总局发布《关于个人养老金有关个人所得税政策的公告》，明确自 2022 年 1 月 1 日起，对个人养老金实施递延纳税优惠政策。在缴费环节，个人向个人养老金资金账户的缴费，按照 12000 元/年的限额标准，在综合所得或经营所得中据实扣除；在投资环节，计入个人养老金资金账户的投资收益暂不征收个人所得税；在领取环节，个人领取的个人养老金，不并入综合所得，单独按照 3% 的税率计算缴纳个人所得税，其缴纳的税款计入"工资、薪金所得"项目。

关于个人养老金的税收优惠政策较个税递延商业养老保险试点的税优

政策有了明显的改进，弥补了此前政策存在的缺陷，更加兼顾公平，有利于调动各收入阶层群体参与个人养老金的积极性。一是税前扣除的限额，个税递延商业养老保险试点期间，税前扣除的额度是按照当月工资薪金的6%或者定额1000元（12000元/年）计算，选择其中更少的一种进行税前扣除。假设一个人当月工资薪金5000元，按试点政策，只能采用6%的比例扣除，每月税前扣除300元，现在则可以按照12000元/年的限额据实扣除，更多中低收入群体因此获益。二是降低了税率，试点时领取环节的税率为7.5%，《个人养老金实施办法》将其下调至3%，与个税最低一档税率保持一致，除了不缴纳个税的群体外，其他人都能少缴个税或持平，进一步扩大了优惠政策的覆盖面。但上述个人养老金税收优惠政策仍然存在三方面问题。

第一，虽然我国对个人养老金实行EET模式的税收优惠，但由于目前我国一般个人投资收益本来就没有开征资本利得税，因而对个人养老金账户投资收益免税实际上不属于税收优惠，而且需要在提取环节"补缴"个税，实际上使税收优惠力度打了折扣。从国际实践看，对养老保险第三支柱实行EET模式税收优惠的国家，通常都征收资本利得税。因此，我国个人养老金税收优惠政策的力度仍然不够大，对个人购买个人养老金产品的激励作用有限。

第二，更多惠及高收入群体，对中低收入群体的优惠力度不明显，不缴纳个税群体暂时无法享受优惠政策。个人养老金制度应该是为中低收入群体设计的，从目前的税收优惠政策来看，适用个税税率越高，则实际优惠力度越大，而对于原本就不用缴纳个税的群体来说，则无法享受到个人养老金的个税优惠，甚至还会多缴税。因为如果不用缴纳个税的群体把原本不用来缴纳个税的钱用来投资个人养老金，要在提取环节凭空"补缴"个税，税负反而提高了。目前我国个人投资理财、基金等的收益暂不征收个人所得税，如果投资个人养老金，领取时缴费和收益都要按3%缴税，这对中低收入群体来说也不划算。由此推理，如果未来个人收入减少，不再需要缴纳个税，那么投资个人养老金就未必划算了。在我国，中低收入群体仍是大多数，其中很大一部分都不用缴纳个税。2019年，我国推动个税改革，采取提高起征点、增加专项附加扣除、降低中低收入者税率等减税举措，切实减轻中低收入群体个税负担，当年便有1.15亿人无须缴纳个税。目前，我国仅有约7000万人缴纳个人所得税，而城乡劳动力数量约有7亿人，也就是说，有约90%的劳动力不用缴纳个税，无法享受到个人养老金的税收优惠政策。

第三，当前每年12000元个人缴费税前扣除标准较低，实际税前扣除的额度很有限，节税效果不明显，难以充分提升消费者需求。比如，一个月收入为2万元的参加人每年可以节税1200元，数额并不算多，如果投资回报也不是很高，大家可能更倾向于选择其他储蓄方案。目前每年12000元的缴费上限额度偏小，随着生活消费水平的提高，到个人退休时领取的个人养老金对提高晚年生活水平的力度可能有限。另外，缴纳个人所得税的人群收入条件等一般较好，每年缴纳1.2万元的个人养老金对这个群体的吸引力不是太大；而大多数中低收入群体对养老金较为在乎，却由于不是纳税人而对此优惠政策"无感"。

第 **4** 章

财税政策激励养老保险
第三支柱发展的国际经验

第二次世界大战后，主要资本主义国家纷纷建立起福利水平较高的养老保障体制，在战后相当长一个时期实现了平稳运行，但随着近年来全球范围内人口老龄化的不断加剧和经济增速的持续放缓，各国公共养老金制度面对的挑战与日俱增，居高不下的公共养老金支出为养老金体系乃至政府公共财政可持续发展带来巨大压力。在此背景下，世界各国纷纷对其养老保障体系进行反思和改革，改革的总体趋势包括两个方面：一方面是进行"参量式改革"，即通过提高法定退休年龄、调整养老金待遇计发公式等方式削减养老金的支出压力；另一方面是大力推进"结构式改革"，调整优化养老保险体系的结构，大力推动私人养老金发展，强化其在整个养老保障体系中的地位及其对公共养老金的补充作用，最典型的做法是借助税收优惠、政府补贴等财税政策手段激励雇主及雇员积极参与第二支柱养老金和第三支柱养老金。本章对美国、英国、德国和日本四个国家激励养老保险第三支柱的财税政策进行详细考察，为我国制定相关政策提供参考。

4.1 养老保险第三支柱发展的国际实践

目前全球养老金制度的"结构式改革"成效显著，全球各国普遍建立起多支柱的养老金体系。各国在增强基本养老保险可持续性的同时，充分发挥市场机制的作用，通过大力发展私营养老金，致力于构建多支柱结构相对均衡的养老金体系。通过充分发挥政府、雇主、个人、家庭、市场等各主体的作用，实现在养老责任上的优势互补与风险分担，即由政府建立和担保的现收现付制公共养老金计划为人们提供最基本的生活保障，通过在全社会范围内的收入再分配实现消除老年贫困的目的；由雇主建立的基金积累制养老金计划可以帮助人们实现一定的收入替代，平滑生命周期收入；由保险公司等金融机构提供的养老保险产品和计划，满足了不同类型人群更高层次的养老需求。政府责任逐步转向提供基本生活保障的养老金，而基本生活以上的部分则通过建立第二、第三支柱的私人养老金来进行补充，形成了以市场化为趋势、各具特色的多支柱养老保险体系（见表4-1和表4-2）。

表4-1　　　　　　"三支柱"养老保险体系的国际实践

地区	主要国家	代表国家	代表模式
北美	美国等	美国	基本养老金联邦养老、遗属和伤残人保险信托基金（OASDI）方案； 企业补充养老金401K计划； 个人退休账户（IRA）
欧洲	丹麦、荷兰、匈牙利、英国、德国等	英国	公共养老金； 职业养老金； 个人养老金

续表

地区	主要国家	代表国家	代表模式
欧亚	俄罗斯、日本等	俄罗斯	国家公积金； 强制性养老金； 私人养老金
拉美	智利、阿根廷、乌拉圭、哥斯达黎加、厄瓜多尔等	智利	个人资本化账户为基础的私营养老金计划

资料来源：中国证券投资基金协会和养老保障第三支柱税收政策研究课题组成果。

表 4 - 2　　　　　　　　部分国家多支柱养老保险体系构成

国家	公共养老金	职业养老金	个人养老金
美国	强制性，采取投保资助模式，联邦政府统一管理，社保资金实行全国统筹，基本覆盖全部就业人口	非强制性，市场化经营，实行基金积累制，由雇主与雇员共同或雇主单独缴费，可采取 DB 或 DC 模式，DB 大约占总量的 60%，DC 占 40%，401K 计划是 DC 模式的代表	自愿性，个人建立退休账户，由保险公司、银行和共同基金等金融机构提供管理
英国	强制性，资金由国家财政、雇主和雇员强制性缴费共同负担、基本达到全面覆盖	强制性，实行基金积累制，由私人和雇主向雇员提供，包括 DB、DC 和二者混合型三种类型，目前 DC 计划是主流模式	自愿性，商业保险公司向自雇人员和没有参加职业养老金计划的人群提供，通常是 DC 型
德国	强制性，采取投保资助模式，实行全国统筹，经办机构多样化、独立于政府，接受国家监督	非强制性，由企业为雇员缴费，养老保障水平由各企业根据自身经济实力和发展状况决定；设立雇主组织的养老保险基金会作为担保机构，如果企业破产，由基金会负责向雇员支付	自愿性，政府提供补贴
智利	强制性，政府提供补贴，为 65 岁及以上的穷人提供最低生活保障，覆盖贫困人口的 60% 以上	强制性，采取强制储蓄模式，覆盖范围为企业职工、自营职工和非正式工人，职工个人缴费，计入个人账户，市场化运作，由私营养老金公司运营管理	自愿性，职工个人可增缴收入的 10% 计入个人账户或自愿储蓄账户。同时，建立雇主资助的自愿养老金计划（APVC），政府提供补贴

资料来源：中国保险行业协会. 中国养老金第三支柱研究报告 [M]. 北京：中国金融出版社，2018：144 - 145.

从国际实践看，第三支柱个人养老金体系大致分为两种：第一种类型是以法国、意大利、西班牙、瑞士、瑞典、荷兰等欧洲大陆国家为代表的"保险型"体系，个人养老金均采取年金保险和人寿保险的形式，无须建立个人账户，只需在保险公司开设户头，主要用于购买税优商业养老保险。其中德国2005年建立的吕鲁普养老金，在注重保险保障的同时，允许购买带有投资机制的投资连结型保险。第二种类型是英美两国领衔的"投资型"养老金体系，普遍建立个人账户，允许购买年金类的保险产品或投资于某些股票、债券、商业养老保险产品和共同基金。此种模式下，第三支柱个人养老金相对发达，减轻了政府和企业的养老负担。掌握各国养老保险制度体系是考察各国养老保险第三支柱发展情况的前提和基础，这里对美国、英国、德国和日本四个典型国家的养老保险制度及其养老保险第三支柱制度的财税激励政策进行简要介绍。

4.1.1　美国养老保险第三支柱制度及财税激励政策

1. 美国养老保险体系与第三支柱养老保险制度

美国遵循贝弗里奇"小政府"模式理念，强调个人在社会保障中的责任发挥，充分运用税收优惠政策激励促进私人养老金市场发展，世界上第一个企业养老金计划于1875年诞生于美国。美国养老金体系包括社会保障计划（第一支柱）、雇主养老金计划（第二支柱）和个人储蓄养老金计划（第三支柱）。其中，社会保障计划是基石，雇主养老金计划是重要补充，而个人储蓄养老金计划也发挥着重要作用。美国社会保障计划被称为OASDI计划，属于一种捆绑式的强制性的综合性养老保障计划，除养老保障外，还涉及以养老保障为基础的遗属和残疾保险，国家通过开征社会保障税依法收取保费，此计划为社会全体民众退休后的基本生活提供保障，其覆盖面达到美国就业人口的96%以上。雇主养老金计划是由雇主出资（公共部门的雇主养老金由政府出资），自愿建立的带有福利性质的养老金计划。20 世纪 70 年代以前，基本都是待遇确定型（DB 模式），自 20 世纪 80 年代以来，缴费确定型（DC 模式）养老金计划迅速发展，具体包括以 401K 计划等为代表的私人部门雇主养老金计划和以 TSP 计划、457 计划和 403B 计划为代表的公共部门雇主养老金计划。

个人储蓄养老金计划包括个人退休账户（IRAs）和商业养老保险，个人退休账户（IRAs）指可享受税收激励政策、以个人为单位、自主参加的养老储蓄计划，依据 1974 年美国《雇员退休收入保障法案》（ERISA）建立，属于政府运用税收激励政策推出的旨在引导个人积极参与的一种补充养老金计划，适用对象为 70.5 岁以下所有有收入的个人，1997 年颁布《税赋缓解法案》后启动建立了罗斯 IRAs，均可承接私人部门养老金计划 401K 及专门针对联邦政府雇员的 TSP 计划、专门针对州政府和地方政府雇员的 457 计划、专门针对教育和非营利部门雇员的 403B 计划等第二支柱转入的养老金资产，因而 IRAs 实质上是第二支柱和第三支柱的混合体。除传统型 IRAs 和罗斯 IRAs 外，美国政府还鼓励符合条件的雇主建立其资助的个人账户计划 IRAs，具体包括简易员工养老计划（SEP IRAs）、工薪减税简易雇员养老计划（SRA-SEP IRAs）和员工储蓄激励匹配计划。美国各类 IRAs 及其主要内容见表 4 - 3 和表 4 - 4。

表 4 - 3　　　　　　　　　　　美国各类 IRAs 主要特点

IRAs 类型	出台年份及文件	主要特点
传统型 IRAs	1974 年《雇员退休收入保障法案》（ERISA）	个人缴费，在金融机构建立个人退休账户，实行 EET 的税收优惠模式
SEP IRAs	1978 年《税收法案》（Revenue Act）	成立与运营简单、成本低、缴费灵活、雇主为所有雇员等额缴费
SRA-SEP IRAs	1986 年《税收改革法案》（TRA）	参与者选择性工薪延期缴费，雇主为雇员缴费

续表

IRAs 类型	出台年份及文件	主要特点
SIMPLE IRAs	1996 年《小企业工作保护法案》（SBJPA）	适用于 100 人以下的公司，且无其他养老计划，雇主每年必须缴费
罗斯 IRAs	1997 年《税赋缓解法案》	个人缴费，在金融机构建立个人退休账户，实行 TEE 的税收优惠模式

资料来源：中国保险行业协会. 中国养老金第三支柱研究报告［M］. 北京：中国金融出版社，2018：167.

表 4 – 4　　　　　　　　　　　　　美国 IRAs 主要内容

项目	内容
参加条件	雇员参加 IRAs 必须满足两个条件，即雇员当年有应税收入且年龄不超过 70.5 岁
发起设立	雇员设立 IRAs 时必须与金融机构签署受托人或保管人协议且经过美国国税局的核准
缴费限制	传统型和罗斯型每年缴纳上限均为 5500 美元，如果年龄在 50 岁（含）以上，每年可追加缴费 1000 美元
资产转存	雇员可以在同类 IRAs 账户之间转账，也可以把符合规定的雇主养老金计划资产转存到 IRAs 账户，还可以把传统型、雇主发起型 IRAs 资产转移到罗斯 IRAs
领取规定	法定领取年龄从 59.5 岁开始，在 59.5 ~ 70.5 岁参加者可自由选择提取或继续享有税收递延的权利

资料来源：中国保险行业协会. 中国养老金第三支柱研究报告［M］. 北京：中国金融出版社，2018：167 – 168.

2. 美国养老保险第三支柱财税激励政策

美国养老金第一支柱以社会保障税方式由国家统一征缴。第二支柱中的缴费确定型（DC 模式）养老保险计划受到税收优惠政策的支持，其中，1978 年美国《国内税收法》新增的第 401 条 K 项条款关于允许退休投资递延的规定促进了 401K 计划的快速发展。第三支柱中的 IRAs 计划包括五种不同类型，最典型的是传统型 IRAs 和罗斯 IRAs，二者分别实行 EET 和 TEE 的税收优惠模式，传统 IRAs 与罗斯 IRAs 之间的联动机制可实现账户资金及税优政策的灵活转换。401K 和 IRA 计划缴费的税前扣除额度伴随美国通胀水平的提高而增长，在美国实行的个人或家庭自行报税的综合个人所得税制下，IRAs 税优政策设计得特别精细复杂，在缴费条件和水平等方面均制定了特别严格的限制，2021 年传统 IRAs 与罗斯 IRAs 缴费的税前扣除规则分别见表 4 - 5 和表 4 - 6。

表 4 - 5　　　　　　　　　2021 年传统 IRAs 缴费的税前扣除规则

申报状态		调整后的年收入	税前抵扣
未参加企业退休保障计划	单身、户主，符合条件的丧偶者，已婚与工作计划未涵盖的配偶共同或单独提交	任何金额	全部抵扣
	已婚联合申报且申报人的配偶参加企业退休保障计划	≤198000 美元	全部抵扣
		>198000 美元且 <208000 美元	部分抵扣
		≥208000 美元	不抵扣
已参加企业退休保障计划	已婚联合申报或符合条件的丧偶者且申报者参加企业退休保障计划	≤105000 美元	全部抵扣
		>105000 美元且 <125000 美元	部分抵扣
		≥125000 美元	不抵扣
	单身或户主且申报人参加企业退休保障计划	≤66000 美元	全部抵扣
		>66000 美元且 <76000 美元	部分抵扣
		≥76000 美元	不抵扣
	已婚分开报税且夫妻中的任一方参加企业退休保障计划	<10000 美元	部分抵扣
		≥10000 美元	不抵扣

资料来源：美国国税局官网，https：//www. irs. gov/retirement-plans/2021-ira-deduction-limits-effect-of-modified-agi-on-deduction-if-you-are-not-covered-by-a-retirement-plan-at-work（未参加企业退休保障计划）；https：//www. irs. gov/retirement-plans/2021-ira-deduction-limits-effect-of-modified-agi-on-deduction-if-you-are-covered-by-a-retirement-plan-at-work（参加企业退休保障计划）。

表 4 - 6　　　　　　　　　2021 年罗斯 IRAs 缴费的税前扣除规则

申报状态	调整后的年收入	纳税限额
已婚联合申报或符合条件的丧偶者	<198000 美元	6000 美元（年逾 50 岁则 7000 美元）
	≥198000 美元且 <208000 美元	逐渐减少
	≥208000 美元	0
已婚分开申报（近 1 年一直与配偶同住）	<10000 美元	逐渐减少
	≥10000 美元	0

续表

申报状态	调整后的年收入	纳税限额
单身、户主或已婚分开申报（近 1 年一直未与配偶同住）	<125000 美元	6000 美元（年逾 50 岁则 7000 美元）
	≥125000 美元且 <140000 美元	逐渐减少
	≥140000 美元	0

资料来源：美国国税局官网，https：//www.irs.gov/retirement-plans/amount-of-roth-ira-contributions-that-you-can-make-for-2021。

4.1.2　英国养老保险第三支柱制度及财税激励政策

1. 英国养老保险体系与第三支柱养老保险制度

英国是最早建立社会保障制度的国家之一，以贝弗里奇报告为基础构建起了机制完备、部门齐全、多个支柱的养老保障体系，在养老金给付、投资及可持续等多个方面居于全球领先位置。英国养老金三支柱体系包括国家养老金、职业养老金和个人养老金。第一支柱国家养老金是强制缴费性质，体现了社会福利的普遍性原则，是英国在保障劳动者基本权益方面的国策，最初包括面向全体满足条件纳税人的国家基本养老金（BSP）和旨在为中低收入或承担对残障病弱者长期照护义务的雇员提供的国家第二养老金（S2P）两个部分，从 2016 年 4 月起，英国将上述两部分养老金合并形成一个新的定额给付养老金（NSP），规定工作满 35 年后可获得155.65 英镑/周的养老金，将政府的职能完全转向保基本。第二支柱职业养老金是由私人和公共部门的雇主为其雇员提供的，2012 年由自愿过渡到强制性，为替代率较低的国家养老金提供补充支持，以缓解老龄化及老年贫困化的压力。职业养老金计划主要包括确定收益型（DB 型）和确定缴费型（DC 型）两种类型。

第三支柱个人养老金主要面向自雇人员和没有参加职业养老金计划的人群，强调发挥个人在社会保障中的责任和作用，形成团体个人养老金

（GPP）、个人存托养老金（SP）和自主投资式个人养老金（SSIPs）等三类。GPP 由雇主发起、雇主与雇员一起缴纳保费，由雇主直接和商业机构议价后再提供给雇员，如果雇主没有为雇员建立职业年金计划，则应联系商业保险公司为其雇员参加个人养老金计划提供支持，对于自雇型的员工，允许其自行参加个人养老金计划。SP 由 1999 年的《养老金法案》推出，规定雇用 5 人以上的雇主应为雇员参加 SP 或其他养老金计划提供便利，雇主帮助建立但雇员负责缴纳保费。SSIPs 则是得到英国政府准许的、允许参保人在英国税务局确定的全部投资类产品中自由选择配置养老金资产的一种保障计划。

2. 英国养老保险第三支柱财税激励政策

英国国家基本养老金以国民保险税形式征缴，由财政部下属的皇家海关和税务总署（HMRC）负责统一征收。英国政府对职业年金计划实行 EET 模式的税收激励政策，将缴费阶段和投资阶段的税收延迟至领取阶段征缴，职业年金缴费有一定的免税额度要求。第三支柱中的 GPP 和 SP 都属于 DC 型的补充养老金，都能够得到一定额度的递延纳税和税收返还优惠。在缴费阶段，对个人账户的年度缴费额度和终身缴费额度设有限制（见表 4 - 7）。其中，个人缴费部分在其年度缴费上限内免税，但采取先扣税后返还的形式进入个人养老金账户，账户内资金产生的收益享受税收全免，资产增值不收取资本收益税。如果年度缴费超过本年额度，将获得申请使用过去三年未使用年度缴费额的资格，该额度内的缴费可从税前列支。在领取阶段，缴纳的税费由积累的个人养老金数额和领取方式决定，一般从 55 岁起可以开始领取（2028 年起推迟至 57 岁），在终身缴费额度内 25% 的部分可以一次性免税领取，其余部分一次性领取时按边际税率征税。此外，英国通过税收优惠手段促进商业养老保险充分发挥在第三支柱中的作用，其税收政策明确规定，允许团体个人养老金（GPP）的雇主缴费在缴纳所得税前列支，而且个人缴费可在年度缴费上限内享受税收返还。

表4-7   英国个税递延型商业养老保险账户年度和终身缴费限额

税收年度	年度缴费限额（英镑）	终身缴费额度（百万英镑）
2006~2007年	215000	1.5
2007~2008年	225000	1.6
2008~2009年	235000	1.65
2009~2010年	245000	1.75
2010~2011年	255000	1.80
2011~2012年	50000	1.80
2012~2013年	50000	1.50
2013~2014年	50000	1.50
2014~2015年	40000	1.25
2015~2016年	40000	1.25
2016~2017年	40000	1.00
2017~2018年	40000	1.00
2018~2019年	40000	1.03
2019~2020年	40000	1.055
2020~2021年	40000	1.0731

资料来源：HMRC Personal Pension Statistics 2020 ［EB/OL］. https：//www. gov. uk/government/publications/rates-and-allowances-pension-schemes/pension-schemes-rates.

4.1.3　德国养老保险第三支柱制度及财税激励政策

1. 德国养老保险体系与第三支柱养老保险制度

德国是公共养老金制度的发源地，同时是公共养老金俾斯麦模式的典型代表。2000年以前，德国的公共养老金给予民众慷慨保障，私人养老金处于自由发展状态。德国之后在2001年和2004年分别出台里斯特和吕鲁普两种养老金计划，通过税收优惠政策引导个人养老金发展，在降低公共养老金替代率的同时，维持制度的可持续性，成功实现养老金体系结构的优化，打造了全球养老金改革的成功范例。德国养老保险体系的三大支柱分别为强制性的法定养老金、雇主设立的补充性质的职业养老金和个人自愿储蓄性养老金。法定养老金建立在"代际协议"基础上，采用现收现付的财务模式，即由当前的工作者缴纳养老金以支付已经退休人员的养老金，所有工人和职员都要强制性参加，覆盖了90%的从业人员，其资金来源包括雇主和雇员缴纳的养老保险费以及国家财政补贴。职业养老金是企业自愿为员工提供的一种补充保险性质的福利待遇，是法定养老金的补充，由于属于企业行为并由私人公司负责运营，政府仅给予调控指导。为防范因雇主破产引起的养老金支付危机，德国成立了由雇主参与的养老基金担保组织，如果企业破产，无法支付的本企业的补充养老金由基金会支付。职业养老金计划有五个实施渠道：直接保险、养老金计划、养老基金、直接承诺（及应付记账准备金）和支持性基金。

德国第三支柱个人自愿储蓄性养老金是由商业机构提供的一种补充保险，主要是为那些想在退休后得到更多养老金收入的人员提供额外的经济保障，个人自愿参加、自愿选择经办机构，对象主要是医生、药剂师、律师、艺术工作者等群体。德国个人自愿储蓄性养老金主要包括里斯特养老金计划和吕鲁普养老金计划两种。里斯特养老金计划是一种能够得到政府补贴的个人储蓄性养老金，其依据是2002年1月1日起生效的《老年财产法》，利用政府补贴作激励，里斯特养老金计划的目标人群涵盖了参加法定养老金计划的企业职工、农业劳动者和政府人员。里斯特养老金具有以下特点：一是里斯特养老金完全由政府监管，投资非常安全但不够灵活，提供养老金产品的主体和购买里斯特养老金产品的合同形式多样化，前者包括人寿保险公司、银行、基金公司以及德国建房互助储金信贷社，后者包括个人年金保险、银行储蓄计划、基金储蓄计划和所谓"住房里斯特"等多种形式。二是只有符合政府相关规范的养老金产品，方可获取德国联邦金融服务业监察署的许可文件，如必须保证投保人本金安全、允诺终身年金、可以通过附加合同建立伤残保险和遗属保险等要求。三是里斯特养老金不受性别限制，只要缴存等额的保费，无论男女都可以领取同样金额的养老金。四是允许部分养老金一次性领取，即在养老金的提取阶段，允许参保人一次性最多领取其缴存保费30%的部分。

吕鲁普养老金计划是一种能够得到国家金额大、比例高税收返还的自愿型商业养老保险，根据2005年1月1日生效的德国《老年收入法》正式建立，雇员、公务员及退休人员等常住德国的人口均可申请参加。该计划可满足那些没有参加法定养老保险并参加不了职业养老保险的个体劳动者的养老需求，德国官方称之为"基础养老金"。吕鲁普养老金具有以下特点：一是吕鲁普养老金保证支付终身养老金，且领取的养老金额度不会因为参保人能够领取失业补贴而减少。二是与里斯特养老金不同，该计划参与人员得不到政府的任何补贴，如果被保险人去世，积累资本无法被转让或继承。三是吕鲁普养老金产品主要由商业保险公司负责供给，产品类别涉及传统型的寿险产品以及兼具保险保障和投资收益双重功能的"基金连锁"寿险产品，只有一小部分产品由基金提供，但又因能够享受政府税收优惠而不同于普通的寿险产品。四是自2010年起，吕鲁普养老保险产品在得到德国联邦税务总局审批后方可公开发售，要求采用终身年金、按月领取的形式，年满62岁以后方可领取，养老金诉求不允许继承、抵押、变现和变卖，以及可以通过附加合同建立伤残保险和遗嘱保险等。五是吕鲁普养老金缴费不设最低限额，缴费额度不与收入挂钩，参保人在缴费金额、缴费方式上可以灵活选择，既可以实行固定性的基础缴费，也可以灵活调整缴费额度；既可以在月、季、半年或年中的任何时间建立，也可以在特殊情况下一次性缴费建立。

2. 德国养老保险第三支柱财税激励政策

德国支持个人养老金计划的政策包括直接财政补贴、税收优惠或减免和明确缴费限额三种方式。对于里斯特养老金，可享受直接财政补贴和将参加里斯特养老金计划的储蓄额作为"特别支出"免征个人所得税两种激励政策。直接补贴包括基础补贴和子女补贴（见表 4 - 8），同时自 2008 年起，26 岁以下年轻人士参保可获得最多 200 欧元的一次性特殊奖励。另外，德国政府还给予企业补充养老保险"里斯特补贴"，包括直接保险、退休保险和退休基金三种形式的企业年金计划。自 2008 年开始，将里斯特养老金计划缴费视同"特别支出"，在个人所得税前可以抵扣包含财政直接补贴在内的最多 2100 欧元，如果个人可以享受的免税额度多于个人获得的国家直接补贴金额，则个人可以在获得国家补贴的基础上再享受额外的税收抵免。2008 年德国政府规定，个人自愿储蓄性养老金的免税额度以个人收入在前一年度税前总收入的 4% 以内，养老保险所赚取的利息在领取退休金前均予以免税。里斯特养老金在领取阶段对养老金的征税不设过渡期，个人养老金纳税比例在退休当年确定，以后则不再变动。

表 4 - 8　　　　　　　里斯特养老金计划直接补贴额度

年份	占净工资最低比例（%）	成人基础补贴（欧元/年）	已婚夫妇基础补贴（欧元/年）	子女补贴（欧元/年）
2002	1	38	76	46
2004	2	76	152	92
2006	3	114	228	138
2008	4	154	308	185（2008 年前出生） 300（2008 年后出生）

资料来源：马克斯普朗克学会，https://www.mpisoc.mpg.de/sozialrecht/forschung/forschungsprojekte/pension-maps/projektseite/deutschland/private-pension-scheme-riester-pension/。

对于吕鲁普养老金，可享受免税和延税的政策。投保吕鲁普养老金计划的缴费可以作为"特别支出"免征个人所得税，对于既没有参加法定养老金也未参加特定职业养老金而仅购买了吕鲁普养老金计划的个体劳动者，政府对其提供的养老保险缴费支出的税收优惠可以100%通过吕鲁普养老金实现，但需要经过2005年到2025年的过渡期，免税比例从2005年的60%逐步过渡到2025年的100%（见表4-9）。自2015年起，吕鲁普养老金计划最高免税额与公共养老金的最高缴费额相匹配且每年调整，2016年单身人士每年最高免税额为22766欧元，夫妻则为双倍，额度可在夫妻间自由分配。吕鲁普养老金计划在领取阶段对养老金的征税分步骤实施，即2005年50%的养老金具有纳税义务，此后有纳税义务的养老金缴费每年增长2%至2020年达到80%，随后每年增加1%至2040年达到100%。

表4-9　　　　　　吕鲁普养老金计划缴费最高免税比例与金额

年份	比例（%）	金额（欧元）	
		单身	已婚
2005	60	12000	24000
2010	70	14000	28000
2015	80	16000	32000
2020	90	18000	36000
2025	100	20000	40000

资料来源：WeltSparen，https://www.raisin-pension.de/en/.

4.1.4　日本养老保险第三支柱制度及财税激励政策

1. 日本养老保险体系与第三支柱养老保险制度

日本的养老保障制度非常健全，政府在整个养老保障体系中发挥主导作用，除基础国民养老金外，还实行与收入水平相关的厚生年金。日本的养老金分为公共、企业补充和个人储蓄三个类别。公共养老金是整个养老金制度的基础，包含两个层次：一是针对所有日本居民的国民年金（基本养老金）制度，强制要求所有 20 ~ 60 岁的日本国民参加，参加者缴费满25 年且大于 65 岁后，可领取定额基本养老金，其目的是保障老年人最基本的生活水平。二是雇佣者年金制度，即由厚生年金、各类共济年金构成的雇员养老金，各类共济年金包括国家公务员共济组合、地方公务员共济组合、私立学校教职工共济组合、农林渔团体员工共济组合等，这一层次是以雇员在职工资为基础，雇主和雇员分别按工资的一定比例缴纳，加入厚生年金或各类共济年金的雇员除了可领取第一层次的定额养老金外，在年满 60 岁后还可以领取第二层次的雇员养老金，主要包括国民年金基金、厚生年金基金、适格退休基金、DB 型年金（收益确定）、DC 型年金（缴费确定），旨在进一步提高老年生活质量。

日本第三支柱个人储蓄养老金分为保险型和储蓄型两种，即个人缴费确定型养老金计划（iDeCo）和个人储蓄账户计划（NISA），并根据经济发展和市场需求进行补充和完善。iDeCo 计划于 2001 年引入，是由个人发起的缴费确定型（DC）私人养老金计划，又称为"日本 401K 计划"（J401K），其与美国 401K 计划的投资运作流程相似，旨在弥补全社会成员养老金保障的缺口。关于适用对象范围，iDeCo 计划设立时仅针对个体户、自由职业者以及未提供企业年金计划的中小企业雇员，参加该计划的前提条件是已经参加并按时缴纳了日本第一支柱国家养老金的保险费用，之后于 2017年扩展至日本所有在职员工及家庭主妇，覆盖了 20 周岁至 59 周岁之间的所有适龄劳动者。关于账户资金转接，iDeCo 账户在营运管理机构审核通过并为其确定转移流程后，可由投保人在工作单位变动时自行携带。同时，投保人 iDeCo 账户的营运管理机构能够从投保人的其他类别养老金系统为其提取养老金，为投保人工作变动提供尽量便利的服务。投保人移居他国后，在其仍然参加日本企业年金计划的前提下 iDeCo 账户运行不受影响，对于移居他国后不再参加日本企业年金计划的人员，营运管理机构将对其 iDeCo 账户内的养老金代管至到期全部领取完毕。

NISA 于 2014 年开始，仿照英国个人储蓄账户（ISA）建立，是由日本金融厅（FSA）为鼓励个人储蓄设立的一种享有税收优惠的账户，分为一般 NISA、少年 NISA（Junior NISA）和小额累积投资免税计划 NSTA（Tsumitate NISA），符合条件的日本居民可向银行、资管公司等金融机构申请，每人限一个账户。日本 NISA 的诞生与发展印证了日本 30 年来零利率通缩下低迷恶劣的投资环境及政府让利刺激居民投资欲望的决心。NISA 计划设立时的覆盖人群是年满 20 周岁的日本居民，后续对适用人群和项目类型进行了扩充，分别于 2016 年推出适用于 19 岁以下日本居民的少年 NI-SA，于 2018 年推出小额累积投资免税计划 NSTA，支持长期资金和多元化投资，特别是少量投资。

2. 日本养老保险第三支柱财税激励政策

日本政府为鼓励个人购买养老金保险产品，配套了对个人所得税扣除、收益征税延迟、退休所得扣除和继承税收等方面的优惠政策，并通过针对性的税收优惠设计将个人资产积累较少的家庭主妇、青年人群、自雇人员和学生都吸引到了养老储蓄计划中。iDeCo 计划实行递延型税收制度（EET），年金缴费在一定限额内免税，投资金融产品时产生的投资收益可部分免税，领取账户资金时征税，但仍可按不同领取方式进行一定的税费减免，免税期限为开设账户到 60 周岁退休之前。关于免税限额，iDeCo 计划依据国民养老保险的划分方法将投保人群分为 3 类，根据参与人的分类以及已参与的养老金计划类型分别设立不同的缴费上限。第一类投保人是自雇人员和学生，每年最高缴费额度为 816000 日元；第二类投保人是有工作单位的企业员工和公职人员，每年最高缴费额度为 144000 ~ 276000 日元；第三类投保人是家庭主妇，每年最大限额为 276000 日元。iDeCo 计划对提取阶段的税收处理有限制性规定。

　　在领取阶段，iDeCo 计划规定，参与人在届满 60 岁之前不能中途退出计划，也无法随意提取 iDeCo 内的资金，达到法定退休年龄（60 周岁）后方可领取。领取时可按照年金方式或一次性方式领取，年金领取方式比一次性领取税负更低。根据年金方式可扣除定额和定率两部分后进行其他所得扣除，若按一次性方式领取，其扣除额度与按年金方式领取有所区别，而且不扣除其他所得而单独课税，同时征收复兴特别收入税。其中，日本所有居民均享有 50 万日元的定额扣除，定额部分扣除后的所有养老金收入（包括公共养老金收入及第二、第三支柱养老金收入）将采取定率扣除的方式，具体扣除标准为：扣除定额 50 万日元后的所有养老金收入在 360 万日元以下的扣除率为 25%，在 360 万 ~ 720 万日元的扣除率为 15%，在 720 万日元以上的扣除率为 5%。这里的"其他所得扣除"即收入所得扣除，具体包括基本扣除（含基础扣除、配偶扣除、配偶特别扣除、抚养扣除等）、特别扣除（含残障者扣除、寡妇鳏夫扣除、学生扣除等）及其他所得扣除，其中与养老金相关的扣除包括基本扣除中的基础扣除、配偶扣除，其他所得扣除中的社会保险费、中小企业退职金等缴费、人寿保险费等扣除科目。

　　NISA 计划实行前段免税储蓄制度（TEE），通过该账户进行投资所产生的收益在免税期限内可免除全部 20.315% 的资本利得税。不同类型的 NISA 计划免税期限不同，凡是在一般 NISA 账户和少年 NISA 账户中的缴费，可在 5 年内免除其投资限额的所得税和资本利得税；凡是在小额累积投资免税计划 NSTA 账户中的缴费，可在 20 年内免除其投资限额的所得税和资本利得税。由于运用收益中通过资产运用获取的利益不被征税，如将收益放入本金账户，可大幅提高福利效果。此外，对于购买个人年金保险后出现的继承税问题，如果从个人年金保险领取了死亡津贴，则每位法定继承人在 500 万日元以内将不会被征税。关于免税限额，一般 NISA 账户免税额度为 120 万日元/年；少年 NISA 账户免税额度为 80 万日元/年；

NSTA 账户免税投资额度为 40 万日元/年，20 年免税投资额高达 800 万日元。

4.2 推动养老保险第三支柱发展的基本经验

4.2.1 运用财税政策为第三支柱发展提供强力支持

国际上很多国家都通过各种形式的税收优惠支持或政府补贴等措施提升商业养老保险的需求（见表 4 - 10）。19 个 OECD 国家对公共或私人计划的养老金收入制定了具体的税收规定，其中对公共计划养老金收入制定税收优惠政策的有 15 个国家，对私人计划养老金收入制定税收优惠政策的有 8 个国家。此外，G20 其他主要经济体中的阿根廷、巴西、印度和南非 4 个国家也对公共养老金实施了税收优惠政策。

表 4 - 10　　　　　　　部分国家养老金计划的税收优惠政策情况

国家	额外税收优惠	养老金收入完全或部分免税		国家	额外税收优惠	养老金收入完全或部分免税	
		公共计划	私营计划			公共计划	私营计划
澳大利亚	√	√	√	卢森堡	√		
奥地利				墨西哥			√
比利时		√		荷兰	√		
加拿大	√	√	√	新西兰			
智利	√			挪威	√	√	√
捷克	√	√		波兰			
哥伦比亚				葡萄牙	√		
哥斯达黎加				斯洛伐克		√	
丹麦				斯洛文尼亚	√		
爱沙尼亚	√			西班牙		√	

续表

国家	额外税收优惠	养老金收入完全或部分免税		国家	额外税收优惠	养老金收入完全或部分免税	
		公共计划	私营计划			公共计划	私营计划
芬兰		√		瑞典	√		
法国				瑞士			
德国		√	√	土耳其		√	
希腊				英国	√		
匈牙利		√	√	美国	√	√	
冰岛				阿根廷		√	
爱尔兰	√			巴西		√	
以色列	√			中国			
意大利	√		√	印度	√		
日本	√	√	√	印度尼西亚			
韩国	√	√		俄罗斯			
拉脱维亚	√			沙特阿拉伯			
立陶宛		√	√	南非	√		

资料来源：OECD. Pensions at a Glance 2021：OECD and G20 indicators［R］. 2021.

4.2.2　重视发挥商业保险在第三支柱发展中的作用

各国养老金第三支柱是一个开放的市场，银行、证券、基金、信托和保险均参与其中，但保险的独特属性，决定了商业养老保险在第三支柱发展中的独特地位和作用。商业养老保险参与养老保障体系建设，具有自身独特的多种优势，能够利用其机构网点深入基层、贴近客户的优势，以及在产品研发、账户管理、理赔服务及风险管理等方面的经验，提供精算技术支持、受托管理、账户管理和投资管理等多方面服务，提高养老保障机制的运行效率，帮助实现养老保险资金的保值增值，因而也是提供第三支柱的重要主体。

商业保险在养老金管理方面具有三方面优势。一是风险管理技术优势。保险业在精算技术、长寿风险管理等方面具有明显的专业优势和丰富的经营管理经验。通过科学地测算风险，平衡风险和收益，提供包括缴费确定型（DC）和收益确定型（DB）、契约型和信托型在内的各类养老保障计划。相比企业年金在内的各类 DC 计划，其投资运营风险全部由职工承担，商业保险可以为参保人提供保底收益并共同分享超额收益，从而形成合理的风险共担机制。长寿风险管理方面，保险业是唯一能够提供终身年金产品的行业，年金化领取可帮助参保人合理安排养老金收入，化解长寿风险，真正实现老有所养，解决人均寿命不断延长后的长期养老问题。二是专业化标准化服务优势。通过引入市场机制，保险公司与参保人之间是服务与被服务关系，能够根据市场需求，动态调整人力资源，建设功能强大的信息系统，有效降低成本，为老年人提供更符合个性化需要的高效、便捷、专业、高质量的服务，解决政府服务效率低、成本高的问题。此外，保险业还能够通过对养老产业链整合，为老年人提供护理、医疗、养生、老年金融等全方位的服务。三是长期资产负债管理优势。保险资金投资强调安全性，注重资产与负债的匹配，投资理念以长期稳健为主，非常适合"养老钱、养命钱"对安全可靠性的要求。从企业年金投资管理的实践来看，保险公司历年的投资业绩也较为出色，特别是近几年来投资范围逐步拓宽，投资能力提升很快，并不落后于公募基金等其他金融机构，有些领域甚至还处于领先地位。

从国际实践看，部分国家认同养老金的保险属性和功能，给予特殊的政策，支持商业保险发挥作用。如德国规定，吕鲁普养老金计划只可由商业保险公司提供；澳大利亚规定，超级年金可由不同金融机构提供积累阶段的投资管理服务，但在领取阶段则要求必须购买年金化产品。具体来看，商业保险在第三支柱发展中发挥了三种重要作用。

第一，商业保险是第三支柱的先行者。从国外实践看，大多数国家的第三支柱是由商业保险公司先行独家经营，然后再逐步放开，并且从合同数量和市场份额占比看，保险仍占据绝对垄断地位，德国是最具有代表性的国家。德国于 1889 年成为全球首个为老年人建立养老保障的国家，也因此而成为现代社会保障制度的发祥地。德国于 2005 年开始实行目前的三支柱养老保障制度，分别为基本养老保险、补充养老保险和个人自愿型养老保险。其中，补充养老保险包括里斯特养老金和企业补充养老保险，前者以政府公务及公职人员、参加法定养老保险的人员及其配偶为参保对象；后者的参保对象则为雇员，可由雇主、雇员或者双方共同缴纳参保保费，雇主为雇员缴费参保可在税收上享受优惠。第三层次个人自愿养老保险包括个人存入指定账户的本金及利息。这三个方面所占份额分别为 70%、20% 和 10%。回顾德国，随着人口老龄化对德国养老保障体系的不断冲击，推动德国政府持续不断地积极推进养老保障制度改革，期待通过制度改革有效解决其养老保障体系面临的困境。而保险正是德国养老保障制度建设最早的切入点，也是最重要的组成部分。

第二，商业保险是第三支柱的主力军。从国外实践看，在资产管理市场上，机构投资者占据一半以上的比例，且保险在各机构中占据份额最高。以美国为例，据测算，美国股票市场的资金至少一半来自机构投资者手里的养老基金，由于机构投资者持有养老基金的时间往往较长且注重价值投资，有助于应对"刚性兑付"问题，因而一些突发性的短期事件对股市波动的影响不大。然而，中国股市充斥了大量散户，长期资金和长期投资者严重缺位，导致资本市场不够理性。机构投资者由共同基金、保险公司和养老基金组成。我国的基金近几年飞速发展，截至 2022 年 9 月底，我国境内共有基金管理公司 140 家，公募基金和私募基金总额已经超过 26 万亿元。然而，我国基金公司受托管理的基金主要是短期的，很多基金的散户投资者可以随时赎回，这就使得基金投资对于投资者和资本市场来说都具有短期性。另外，我国目前是全球储蓄率最高的国家，对于储蓄者来说，银行存款一般是对财富进行短期或中期的时间规划，因此由于存款的中短期性，对银行投资的期限和范围都有较大限制。对比来看，保险的养老资金期限很长，由于其长期性，投机心理和投机行为大大受到抑制，可以在短期波动中保持平稳和理性。因此，保险资金长期化的属性决定了其可以称为资本市场的"压舱石"，缓解目前股市的长期投资者结构失衡问题，使资本市场恢复理性。

第三，商业保险是第三支柱的多面手。目前我国的商业保险机构不仅具有保险保障方面独特的优势，在大金融的环境下，商业保险机构在投资、托管、运营、服务方面也毫不逊色于其他金融机构，并且中国的商业保险公司呈现集团化的趋势。目前国内有十一大保险集团，它们在不断发展的过程中成为集保险、银行、投资、证券、信托等为一体的综合性金融机构，依托保险为主力，商业保险集团在其他金融领域也具有独到之处。养老金第三支柱中个人养老账户应兼有保险和投资两种功能。保险和投资的双重功能设计既照顾到根深蒂固的中国传统文化中的稳健性，还兼顾到中华民族历史中的进取性，以满足不同群体的不同需求，满足账户资产的配置个性需求。这与保险公司集团化的趋势不谋而合，商业保险机构作为养老保险第三支柱建设最好的切入点，不仅可以先以开发养老保险产品为主，满足人们对养老保险保障的需求，而且在进一步放开第三支柱投资功能的未来，商业保险集团也是很好的平台，而保险集团统一化的管理也更方便个人养老账户的统筹管理、运营和服务。

4.2.3　将专业化监管作为第三支柱发展的重要保障

全球大部分经济体有效区分了公共养老金与私人养老金的监管。养老保险第三支柱属于私人养老金的范畴，其所选择的投资工具属于长期性的负债并往往以共同基金为主，因而私人养老金与金融保险产品面临的风险存在共同点。可见，养老金与保险资金属性相似，均为长期资金，风险偏好低，追求安全、长期和稳健的投资收益。从各国实践情况看，澳大利亚、欧盟和巴西等多数国家或地区对私人养老金和保险合并予以金融监管，智利等拉美国家则专门设立机构监管养老金运行（见表 4 – 11）。

表 4 – 11　　　　　部分国家和地区成立专门养老金监管机构情况

国家或地区	监管机构名称
英国	养老金监管局（the Pension Regulator）、审慎监管局
美国	金融监管机构 SEC、劳工部
德国	实行混业监管，银行、保险、证券等均由联邦金融监管局（BaFin）统一管理，下设多个独立监管部门，其中保险及养老金是一个部门
智利	养老金管理总监署（SOAFP）对养老金管理公司进行技术监督和控制
瑞典	国家社会保险局负责养老金的缴费和待遇支付，养老金保险基金管理局（PPA）负责资金监管
新加坡	中央公积金管理局在行政上隶属于劳工部，是一个相对独立的具有半官方性质的公积金管理机构
澳大利亚	谨慎监管局（APRA）、证券与投资委员会
哈萨克斯坦	国家养老金支付中心（SPPC）
波兰	社会保险机构（ZUS）负责收集缴费资金，保险和养老资金监管委员会（KNUiFE）负责养老资金监管
阿根廷	养老基金监督管理局（SAFJP）
巴西	封闭式基金由国家补充养老保险秘书局管理，开放式基金由保险监管局（SUSEP）监管
墨西哥	国家退休储蓄系统委员会（CONSAR）
荷兰	养老金与保险监督管理机构（PVK）
日本	健康、劳动和福利部
加拿大	财政部
中国香港	中国香港强制性公积金计划管理局；证监会则发牌给参与管理强积金基金的投资管理有限公司，监管销售强积金计划和提供投资意见的中介人

资料来源：中国保险行业协会. 中国养老金第三支柱研究报告 [M]. 北京：中国金融出版社，2018：160.

4.3　世界养老保险第三支柱财税激励政策对中国的启示

从各国实践看，用来激励养老保险第三支柱发展的财税政策在目标对象、方式选择、实施路径及配套措施等制度顶层设计方面具有很好的参考价值和启发。

4.3.1　财税激励对象覆盖各个群体

一是建立广覆盖的财税激励政策体系。美国传统 IRAs 主要针对预期未来收入低于当前水平的群体，其 EET 模式可实现延迟纳税并享受未来较低税率；罗斯 IRAs 更多为满足中产家庭需求，其 TEE 模式使其账户累计增息免于征税。为对没有或者无法享受 401K 等企业补充养老金计划的人员提供保障，美国个人退休账户（IRAs）在传统 IRAs 和罗斯 IRAs 之外，分别于 1978 年颁布《税收法案》（Revenue Act）、1986 年颁布《税收改革法案》（TRA）、1996 年颁布《小企业工作保护法案》（SBJPA），鼓励符合条件的雇主建立其资助的个人账户计划，三个法案分别规定了简易员工养老计划（SEP IRAs）、工薪减税简易雇员养老计划（SRA-SEP IRAs）和员工储蓄激励匹配计划（Simple IRAs）等三种不同类型的 IRAs，均由雇主发起设立并资助缴费，便利中小企业发起建立职业养老金计划，有效解决了中小企业设立补充养老金计划的动力不足问题。德国政府对个人养老金的财税刺激政策，分别针对不同年龄、不同性别、不同婚姻状况和不同收入阶层制定对应的标准，并且定期调整标准。里斯特养老金计划和吕鲁普养老金计划在设计之初便针对不同的人群，由于里斯特养老金计划并不覆盖自由职业者及未参与法定养老金计划的员工，之后针对这些群体的需求推出了吕鲁普养老金计划，吕鲁普养老金在德国媒体上被称为个体劳动者的养老金。

二是针对中低收入群体制定专门的财税激励政策。英国第三支柱中的个人存托养老金（SP）专门针对中低收入人士，雇员或非雇员均自愿参加，均可获得一定比例的税收减免政策。澳大利亚政府为鼓励更多中低收入人群加入到补充养老保障制度中而承诺，若个人从税后收入中再缴纳超级年金基金，则个人每缴纳 1 澳元，政府将匹配缴纳 1.5 澳元，每人每年最多可得到 1000～1500 澳元的政府补贴。

4.3.2　财税激励手段方式灵活多样

一是主要采取财政补贴、税收优惠和设置缴费限额三种财税激励形式。直接给予财政补贴的最典型例子就是德国的里斯特养老金计划，"里斯特补贴"包括基础补贴、子女补贴和一次性特殊奖励；澳大利亚对中低收入人群缴纳补充养老保险进行补贴；智利对自愿养老金储蓄计划中符合条件的雇员允许申请相当于个人自愿储蓄金额 15% 的政府津贴，同时对雇用年轻人的雇主和年轻雇员进行补贴，以激励年轻人加入。税收优惠不同程度地体现在个人养老金计划的缴费阶段、投资阶段和领取阶段，根据对不同阶段采取征税（Tax，用 T 表示）和免税（Exempt，用 E 表示）处理的各种组合，可将个人养老金税收优惠模式分为八种，包括延税模式（EET、ETE、ETT）、非延税模式（TEE、TET、TTE）、全环节免税模式（EEE）和全环节征税但税率优惠模式（TTT），主要国家养老保险第三支柱税收优惠模式有所不同（见表 4－12），其中 EET 和 TEE 应用最为普遍。EET 模式下实际享受税收优惠的人群有限，对中低收入人群的意义较小且对政府的税收征管能力要求更高。美国传统 IRAs、荷兰、丹麦等国家的个人养老金均采取 EET 税收优惠模式。TEE 模式可以增加账户持有人的选择，扩大覆盖面，提高税收优惠政策的惠及范围，但后期财政负担较重。俄罗斯个人退休账户在资金支取环节享有税收优惠政策，个人按税后收入缴费但账户资金的增值可以免税，属于典型的 TEE 税收优惠模式。意大利、瑞典等个别国家的个人养老金采取 ETT 税收优惠模式。设置缴费限额即在一定缴费额度内才可以享受税收减免，是各国在提高效率的基础上关注公平性的重要措施，旨在防止富有人群滥用个人养老金税收优惠政策。英国个税递延型商业养老保险账户设有年度缴费额度和终身缴费额度的限制，个人缴费部分在年度缴费上限内可享受税收返还。德国里斯特养老金计划设有最低和最高缴费限额，2005 年之后缴费限额最低为每年 60 欧元，最高缴费限额为参保人前一年度税前总收入的 4%，2008 年之后最高为每年 2100 欧元，如果缴费额低于 4%，则国家补贴会相应减少。日本的个人缴费确定型养老金（iDeCo）计划要求参与人每月至少缴费 5000 日元，自 2018 年 1 月开始计划参与人可以自行决定每年的缴费次数，监管机关针对不同覆盖人群的计划参与人，制定了不同的缴费上限额度。[①] 意大利制定了补充性的职业养老金计划，雇员的缴费在不超过收入总额的 12% 时享受减税待遇，雇主的缴费从政府的社会保障缴费中扣除并限于总体缴费的 10% 享有减税待遇。

表 4 – 12　　　　　　　　部分国家第三支柱税收优惠模式情况

国家（类型）		税收优惠模式		
		EET	TEE	ETT
美国	传统 IRAs	√		
	罗斯 IRAs		√	
俄罗斯			√	
加拿大		√		

---

① 李少杰. 日本养老金第三支柱发展镜鉴 [J]. 中国银行业，2019 (3)：43 – 45.

续表

国家（类型）	税收优惠模式		
	EET	TEE	ETT
智利	√		
巴西	√		
荷兰	√		
韩国	√		
芬兰	√		
丹麦	√		
比利时	√		
卢森堡	√		
西班牙	√		
意大利			√
瑞典			√

资料来源：根据各国养老保险第三支柱税收优惠政策分析整理。

二是对不同养老金计划灵活设计财税激励方式。美国传统 IRAs 和罗斯 IRAs 分别采取 EET 和 TEE 税收优惠模式。英国根据养老金供应商提供的养老金计划是否在英国税务海关总署登记注册，分别采取 EET 和 TEE 两种税收优惠模式，其中，EET 模式下 50 岁以下个人的最高缴费比例是收入的 17.5%，TEE 模式下最高缴费额度为每年 15240 英镑。德国政府灵活配置直接补贴和税收优惠两种针对个人养老金的激励手段，通过缴费阶段的直接财政补贴和税收递延及减免方式支持里斯特养老金计划，通过缴费和领取阶段的税收递延和减免的方式支持吕鲁普养老金计划。

4.3.3　财税激励政策统筹第二支柱

一是合理设置过渡期，循序渐进推动个人养老金发展。德国充分考虑到税收优惠个人养老金的推出可能会带来的巨大影响，各项制度的落地均预留了较长的过渡期，逐步到位，使其对经济和财政的影响最小化，便于民众适应并接受。如里斯特养老金个人自愿性养老金的免税额度经过 4 年由个人收入的 1% 逐步提高到 4%，吕鲁普养老金计划缴费阶段实行分步骤全免税政策，免税额比例经过 20 年由 60% 逐步上升至 100%。英国将其公共养老金由双层改革为单层时，并没有采取"断崖式"或"一刀切"等激进措施，而是通过协议退出和自动加入两个计划，用 40 年的时间逐步推进，税收作为一种激励措施引导人们主动加入第二、第三支柱。美国通过不断调整税收优惠政策逐渐增加 IRAs 的类型，分别于 1974 年、1978 年、1986 年、1996 年和 1997 年建立传统 IRAs、SEP IRAs、SRA-SEP IRAs、SIMPLE IRAs 和罗斯 IRAs，循序渐进地统筹和规划市场力量来推动 IRAs 的快速发展。

二是税收优惠政策的对象统筹集第二支柱和第三支柱于一体。美国《国内税收法典》和《雇员退休收入保障法案》对年金计划税收优惠政策及其需要满足的条件作了详细规定，由于 IRAs 实质上是第二支柱和第三支柱的混合体，因而 IRAs 与雇主养老金计划一样均可享受同样的税收递延优惠政策。英国的协议退出机制通过税收减免和税收返还同时激励第二、第三支柱发展。1975 年《社会保障法案》推出国家收入关联计划养老金，所有的雇员必须参与，但允许已参与职业养老金或个人养老金计划的雇员通过协议退出的方式退出该计划。1986 年《社会保障法案》放宽了协议退出的范围并给出了更优惠的条件，选择协议退出的劳动者在符合条件时不仅可以获得税收减免，甚至还能以税收返还的形式积累到个人退休账户中。此外，英国商业养老保险税收政策明确规定，由雇主建立的团体个人养老金（GPP），除个人缴费部分在年度缴费上限内可以享受税收返还外，雇主缴费部分可类似职业养老金享受税前列支的优惠政策，实际上对第二、第三支柱的发展同时产生了激励效果。

4.3.4　财税激励配套多种管理措施

财税政策激励养老保险第三支柱发展的作用发挥需要相应的配套措施，这些配套措施可从三个方面为个人享受财税激励政策提供便利。

一是通过合理化方式提升私营养老金计划的强制性。英国的协议退出与自动加入机制最为典型。英国允许已参与职业养老金或个人养老金计划的雇员通过协议退出的方式退出国家收入关联养老金计划，有效推动了广覆盖职业养老金计划的建立和个人养老储蓄的大力发展。2008 年英国《养老金法案》规定建立更具强制性的全覆盖的职业养老金计划。自 2012 年 10 月起，年满 22 周岁且未达到年金领取年龄的雇员，可以按照一定条件自动加入养老金计划，其年缴费的最低限制规定为自 2018 年起年工资收入 5824 英镑至 42385 英镑的 8%，由雇主、雇员和税收与海关总署（HMRC）的税收返还按比例共同负担（计划到 2019 年该比例为 3∶4∶1），超过该区间的部分由雇员自行承担，且必须符合终身缴费上限的规定。自动加入计划的推出，有效保证了强制性企业年金的推广。在自动加入计划实施前，职业养老金计划的参加人数为 250 万人，计划实施后新增了 600 万人。

二是实现第二、第三支柱贯通，提升享受税收优惠的便利性。美国第二、第三支柱的企业养老金和个人退休账户互为补充、互相强化，后者的转存功能打通了两者的联系，使得 IRAs 成为美国整个私人养老金体系的蓄水池，拓展了养老保障体系的覆盖面，提升了居民的养老储蓄能力，实现了各种计划之间的有机结合。在一定条件下，个人可以将 401K、403B、457 计划等雇主养老金计划资产转入 IRAs，转移资金可以享受税收减免政策。英国对第二支柱职业养老金和第三支柱个人养老金的功能定位相同，均为做实个人账户，充分发挥个人在社会保障中的作用。为顺利推进自动加入计划的实施，英国政府推出了国家职业储蓄信托计划（NEST），以解决市场失灵所带来的高昂管理成本和销售佣金问题，允许第二支柱职业养老金计划和第三支柱个人养老金计划的缴费者享受同等待遇，都可以选择自 2012 年起加入 NEST，并通过该投资得到回报。

三是对提前动用资金进行限制或实行年金化领取，延长个人账户资金的持久性。美国政策规定，享受美国个人退休账户计划（IRAs）税收优惠的参与人必须严格遵守 IRAs 运作规则，最重要的一点就是严格限制提前动用IRAs资金，以保证其用于养老保障的目的和资金的长期积累。如果参与人出现提前撤回、从事禁止交易、超过规定的缴费金额等情形时，将被额外征收 10% 的税收惩罚。德国关于个人自愿储蓄性养老金的领取条件为，最早领取年龄要求满 60 岁，合同存续期间须至少 12 年，并且提取期间至少在 5 年以上。日本的个人缴费确定型养老金（iDeCo）计划规定，参与人在届满 60 岁之前不能中途退出计划，也无法随意提取 iDeCo 内的资金。英国对个人养老金账户积累的总额在 30000 英镑以上但在个人终身累积额度内，允许一次性领取总额的 25% 且不缴纳任何税收，剩余部分必须以年金形式领取。

第**5**章

优化养老保险第三支柱
发展财税激励政策的建议

根据国际经验，个人养老金计划本质上是一种以账户为核心的资产配置工具，其财税激励需要在账户层面实施，同时只有吸引更多的民众参与个人养老金计划，并保持账户资金较长时期的积累，相关的财税优惠政策方能充分惠及各个群体，第三支柱才能确保被用于养老保障。优化我国第三支柱财税激励政策的前提是完善其实施的制度基础，同时需要一系列配套制度措施，为个人养老金财税激励政策充分发挥作用提供保障。

5.1　完善养老保险第三支柱财税激励实施的制度基础

5.1.1　畅通养老保险三大支柱间的资金流动

养老保险三大支柱之间的账户衔接机制的内涵是养老保险三大支柱的

个人账户之间实现养老储蓄资金的相互转移，主要是前两个支柱的养老金向第三支柱的账户转移和第一支柱的养老金向后两个支柱的账户转移，这就要求第二支柱的个人账户能够承接第一支柱转来的养老金，第三支柱的个人账户能够承接来自第一支柱和第二支柱转来的养老金，这种养老保险三大支柱账户之间的养老金自由流动在主要发达国家的实践效果很好。如美国 IRAs 并非纯粹的第三支柱，而是第二、第三支柱的混合体，IRAs 接受了大量 401K 计划的资金转账。英国的"协议退出"机制允许符合一定条件的投保人退出第一支柱而转向第二支柱。根据我国的《个人养老金实施办法》，实行个人养老金账户制度，个人养老金的参加人设立相互绑定的个人养老金账户和个人养老金资金账户，前者用于登记和管理个人身份信息，并与基本养老保险关系关联，记录个人养老金缴费、投资、领取、抵扣和缴纳个人所得税等信息，是参加人参加个人养老金、享受税收优惠政策的基础；后者作为特殊专用资金账户，参照个人人民币银行结算账户项下 II 类户进行管理，为参加人提供资金缴存、缴费额度登记、个人养老金产品投资、个人养老金支付、个人所得税税款支付、资金与相关权益信息查询等服务。

但目前的个人养老金账户仅与基本养老保险关系关联，并没有与基本养老保险、企业年金及职业年金之间资金往来的相关规定，即我国还未建立三大支柱间的账户衔接机制，不利于更好地保障缴费者的权益。个人养老金账户属于个人储蓄型账户，能够随时根据个人需求进行灵活转移，打通第一、第二支柱个人账户与第三支柱养老金账户之间的资金流动，有利于极大提升民众参加购买个人养老金产品的积极性，带动养老保险第三支柱快速扩大覆盖面、提升参与率。一是第三支柱个人账户直接与个人绑定，绕开了地方政府与所在单位的控制，这就大大简化了个人更换工作时办理养老金账户转移和提取账户内资金的程序与手续，政府与企业的管理成本和个人的转移成本都得以大幅降低。二是个人养老金账户的资金仅能由参保人自己支配，避免了个人账户养老金被挪用甚至出现目前基本养老个人账户"空账"现象的发生。三是三大养老金账户内的资金可以互相转移，使得第一支柱基本养老金和第二支柱年金可以享受第三支柱个人养老金的税收优惠政策，有利于更好地激励民众积极参与购买第三支柱养老金产品。

因此，可以借鉴美国及英国做法，建立三支柱间的账户衔接机制，将三支柱内的个人账户相结合，畅通养老保险三大支柱间的资金流动，提升第三支柱的适用性和参与率。一是允许符合一定条件的参保人将第一支柱中的个人账户直接转移至第二支柱或第三支柱，或者允许个人以自愿选择协议退出的方式，将公共养老金个人账户转移至第三支柱；二是允许符合一定条件的参保人将第二支柱企业年金、职业年金账户的资金转移到个人养老金账户，允许个人养老金账户承接离职人员的企业年金或职业年金资产，实现个人养老金账户与企业年金、职业年金过渡账户的对接，过渡账户指原来拥有企业年金或职业年金账户的个人在工作发生变动后，无雇主继续提供年金代扣代缴，由于企业年金、职业年金与个人养老金都可以享受税收递延，应允许其统一进行后续的投资管理运作。

5.1.2　建立个人养老金计划的自动加入机制

自动加入机制指的是将参与个人养老金制度纳入企业员工的入职流程中，除非员工明确提出不愿意参加，而且不愿意参加个人养老金制度需要提出专门的申请或者不进行缴费。这种机制有助于克服人们的"惰性"同时又可以利用人们的"惰性"，因而能从正反两个方面推动个人参加个人养老金制度。一方面，各个国家的税收优惠政策一般申请程序复杂，个人往往囿于"惰性"不会积极申请设立个人账户、购买个人养老金产品、处理涉税优惠事务，从而不会主动参加个人养老金制度。另一方面，假设职工都同意加入个人养老金制度，在其入职时直接帮助建立个人账户、指导购买个人养老金产品并由公司向其解释说明能够享受的税收优惠收益，个人往往还是囿于"惰性"而很可能不会专门提出申请、经过审批去放弃参加个人养老金制度，这就会大大降低个人选择退出个人养老金制度的概率。美国斯坦福大学经济学教授拉杰·切蒂（Raj Chetty）研究发现，税收补贴政策主要影响那些高收入、金融知识丰富、最不需要政府干预养老规划的少部分人群；而自动缴费机制会增加大部分人的养老储蓄。

这一措施在英美等国都有较好的应用和实践效果。在英国，雇员在入职时就被默认为自动加入年金制度，如果打算"退出"，需专门提出申请并得到雇主的允许，自动加入计划的推出有效保证了英国强制性企业年金的推广。英国 59.2% 的雇员参与了企业年金计划，其中 26% 为 2008 年实施这一机制后加入。美国的统计表明，新入职雇员的企业年金参与率从实施自动加入机制前的 60% 提高至 90%，[①] 年龄在 20～29 岁的员工对没有引入自动加入机制的 401K 计划参与率仅为 30%，而对引入自动加入机制的 401K 计划参与率达到 77%。

可见，将税优个人养老金自动加入机制引入第三支柱是在短期内扩大参与率的重要抓手、引入自动加入机制是扩大参与率的关键。若没有此机制，依他国经验，税优个人养老金的覆盖面很难提升，其作用也将非常有限。因此，为克服部分人参与个人养老金计划的"惰性"，可借鉴英国、美国做法，探索建立税优个人养老金自动加入机制，特别是对于中国目前的税收征缴和管理方式来说，由用人单位（同时也是代扣个人所得税单位）代理员工办理加入第三支柱的相关手续，将会大大有利于制度的推广和市场的开拓，有利于参与率的提升。

---

① 郑秉文. 中国养老金发展报告 2016 ［R］. 北京：中国社会科学院，2016.

5.1.3　适时推动个人养老金实现年金化领取

根据我国《个人养老金实施办法》，个人养老金资金账户封闭运行，参加人达到领取基本养老金年龄、完全丧失劳动能力、出国（境）定居或符合国家规定的其他情形时，可以按月、分次或者一次性领取个人养老金，鼓励参加人长期领取个人养老金。但仅鼓励很难增强个人养老金资金积累的持久性，第三支柱难以真正发挥养老保障目的，必须针对养老金领取制定相关的规则。对提前动用资金进行限制或实行年金化领取来延长个人账户资金的持久性，是个人养老金较为发达国家的通常做法。美国严格限制提前动用 IRAs 资金，对参与人提前撤回、从事禁止交易等行为予以税收惩罚。德国规定最早领取个人自愿储蓄性养老金的年龄要求满 60 岁、合同存续期间须至少 12 年、提取时长至少在 5 年以上。日本规定参与人在届满 60 岁之前不能中途退出计划且无法随意提取 iDeCo 计划的资金，同时日本对一次性领取 iDeCo 计划养老金实行较年金方式领取更重的征税。英国规定除一次性领取总额 25% 外的部分必须以年金形式领取。

因此，为使第三支柱真正实现养老保障目的，可在养老保险第三支柱发展到一定程度后，通过年金化领取、提取限制等增强个人养老金积累的持久性。目前，根据企业年金的个人所得税政策，如在领取期一次性领取养老金，将根据领取额适用最高的所得税税率，由此可确保将企业年金账户资金用于养老保障，降低受益人拿到一大笔现金后的非理性消费及投资行为带来的养老金损失风险。对于第三支柱个人养老金，可借鉴职业年金领取期的有关政策，允许商业养老保险对接企业年金，实现年金化领取（包括终身领取），帮助参保人抵御长寿风险，为国家有效应对人口老龄化提供有力支持。

5.1.4　基于个人养老金的保险属性强化监管

根据我国《个人养老金实施办法》，各参与部门根据职责，对个人养老金的实施情况、参与金融机构和个人养老金产品等进行监管，主要包括人社部、财政部、税务部门、银保监会和证监会，具体由人社部和财政部对个人养老金账户设置、缴费上限、待遇领取等制定具体政策并进行运行监管，金融监管部门对个人养老金相关经营活动和产品的风险进行监管。2022 年 9 月 29 日，银保监会下发《关于促进保险公司参与个人养老金制度有关事项的通知（征求意见稿）》，明确了保险公司参与个人养老金相关业务的资质准入门槛、产品准入规范等重点内容，如要求保险公司提供的个人养老金产品包括年金保险、两全保险以及银保监会认定的其他产品，并符合保险期间不短于 5 年等要求，参与经营个人养老金的保险企业需符合所有者权益、偿付能力充足率、责任准备金覆盖率等 6 个条件。未来，加强个人养老金制度监管的重点是强化多层次监管和协同监管。

个人养老金属于私人养老金的范畴，在本质上与保险资金属性类似，在资金性质、投资工具、风险偏好等很多方面具有同质性，应与公共养老金实行不同的监管模式，当前国外大部分国家将第一支柱作为公共养老金，将第二、第三支柱作为私人养老金，分别采取不同的监管模式，将私人养老金监管与保险等金融监管合并。但在我国，由于缺乏统一立法和种种历史原因，目前养老保险第二、第三支柱的行政管辖分属不同行政部门，整体协调发展的难度较大。第一支柱和以企业年金为主的第二支柱由人力资源和社会保障部制定业务规则，负责业务监管。企业年金的管理资质分为受托人、托管人、账户管理人和投资管理人四类，共向 39 个金融机构发放了 57 个基金管理资格，分属保险、信托、基金、银行等不同金融子行业，其机构监管分属银保监会、证监会等不同监管部门；第一支柱基本养老保险基金投资管理未来的市场化运作情况也将与企业年金类似。第三支柱个人养老金和商业养老保险目前主要的市场参与主体是人寿保险公司和专业养老保险公司，由银保监会进行监管。从养老保险三大支柱的特性上看，第一支柱是由政府强制建立的，目标是广覆盖、保基本，采取的管理方式是现收现付制，即"新人养老人"，由中央政府和地方政府负责管理；而第二、第三支柱则是在第一支柱之上，由企业和个人自愿建立的养老金计划，政府给予税收优惠政策鼓励建立，采取的管理方式是个人账户积累制，即个人缴纳的钱完全归属个人，由金融机构负责管理运营，第一支柱和第二、第三支柱的性质完全不同。

第一，强调或突出养老金的保险属性。从理顺监管机制、提升监管效能、降低行政管理成本的角度出发，考虑到养老保险三大支柱性质和管理方式的不同、商业养老金资金属性、商业养老保险本身即由银保监会监管以及以保险机构为主的市场现状，应将私人养老金纳入保险监管的框架下，由银保监会牵头负责整合第二、第三支柱商业养老金的监管职责，并制定统一的监管规则。这种做法具有三方面优势：一是将养老金纳入保险资金运用框架下来投资运作，养老金投资管理可在风险可控的前提下，获取更多的政策支持和更为丰富的投资领域，更好地支持养老金保值增值。二是早在 2006 年，中国保险监督管理委员会就已获得国务院批准，代表中国政府加入国际养老金监督官组织，并当选为执行委员会委员，其拥有多年对专业养老保险公司监管的经验，有专门的部门设置和人员配备，奠定了一定的监管基础。三是由银保监会统一作为第二、第三支柱商业养老金的监管主体，有利于防范因养老金监管主体不同而引发的监管规则、监管尺度不统一和监管真空等问题。

第二，适时调整个人养老金监管模式。在具体的监管方式上应逐步采取审慎监管与数量限制相结合的方式。目前，我国对基本养老金和职工年金的运营监管属于限量模式，由符合监管机构准入条件的市场机构参与养老资金的投资运营，同时严格限制养老资金的投资方向与模式。如果个人养老金也按照这种限量模式进行监管，将因过于限制个人养老金产品的类别与收益而限制其发展活力，不利于个人养老金制度的长远发展。我国养老保险第三支柱目前正在起步阶段，相关的制度机制刚刚建立，此时应在投资运营机构资格及投资方向与模式方面给予必要的限制，即主要实行限量模式的监管，由此才能降低个人养老金运行的市场风险，切实保障参保人的养老金安全和投资收益，平稳规范推进其覆盖面进一步扩大。但在养老保险第三支柱发展到一定阶段后，市场的投资运营机构和养老金投资不断积累经验而更加成熟时，个人养老金产品得到民众的普遍认可后，对其监管应适时调整，由主要实行限量监管模式转为适度引入审慎监管模式，通过发挥市场机制作用来控制个人养老金市场的风险，政府应有效引导保险机构重视控制风险并制定完善相关的监管规则，同时应定期审核评估保险机构的风控制度与监管规则并推动其不断调整完善。对养老保险第三支柱实行审慎监管有利于充分发挥保险机构贴近一线、掌握市场最新风险变化情况的优势，督促激励保险机构充分发挥主观能动性去改进个人养老金产品设计与研发，创新推出更多个性化的养老产品和服务，进一步提升养老保险第三支柱的吸引力。

第三，强化个人养老金协同监管和有效性评价。养老金监管体系并非一成不变。从世界各国情况看，审慎监管和数量限制在不同的发展阶段各有侧重。数量限制监管模式的优势在于监管的中间过程与最终结果都能够得到有效控制，同时其监管需要付出的成本费用相对不高。这种模式适用于一种保险制度的起步阶段或者保险市场发展落后、金融监管体制比较粗放的国家，需要通过数量限制对其运行过程中的金融风险进行控制，以此对参保人养老金的投资权益给予充分保障。但伴随着社会经济不断发展和市场环境逐步完善，由于数量限制监管会损害养老保险基金投资目的的实现，长期还会扭曲金融市场、损害整个金融市场的活力。这就要求：一是针对养老金监管系统的有效性建立定期评估制度，努力寻求审慎监管和数量限制之间的最佳平衡点，在确保监管有效性的同时充分释放市场活力。二是负责私人养老金计划的公平性和适格性审查与监管的财税部门应定期根据社会经济发展的变化，以及居民收入的调整、人口结构的变化，定期开展私人养老金体系充足性、公平性和适格性的评估，适时调整私人养老金体系的财税优惠政策，确保激励政策能够有效实现政策目标。三是探索建立跨部门的联动监管机制，作为私人养老金体系的监管者，无论是专业的监管部门，还是政策的制定部门，都需要定期沟通和协调，通过建立信息交流平台、举办合作交流会议来强化各部门的信息沟通与合作机制，共同定期发布私人养老金体系建设报告，强化私营养老金运行和监管透明度，消除监管的未覆盖领域，协力避免重复监管和过度监管。

5.2　提升养老保险第三支柱财税激励效果的实现路径

财税激励政策是世界各国引入和发展私人养老金进而建立多支柱养老金体系的通行做法和关键举措，对我国制定激励养老保险第三支柱发展的财税政策具有重要参考意义。我国应从目标对象、方式选择、实施路径及配套措施等方面，合理借鉴国际经验做法，推动目前对年金制度与个人养老金制度的税收优惠政策向精细化、更高效、更具吸引力发展。在短期，可在充分考虑国家财政负担能力的前提下，对未达到个税起征点的个体劳动者以及存在特殊困难的低收入家庭个人养老保险缴费直接给予一定比例的财政补贴。在中长期，可引入更适合低收入群体的 TEE 模式，提升个人养老金对未达到个税起征点的低收入群体的吸引力。由单纯的 EET 到"EET 与财政补贴"的双重激励，再到"EET 与 TEE"的双向激励，有利于提升制度公平性和覆盖面,从而推动养老保险第三支柱快速健康发展。

5.2.1 构建方式灵活的财税激励体系

任何税收政策的制定都应遵从公平原则和效率原则。税收的公平原则即具有相同纳税能力的人应该负担相等的税负,不同纳税能力者应负担不等的税负,各个纳税人的纳税负担与其经济状况相匹配,不同纳税人之间的税收负担水平保持均衡。税收的效率原则即以最小的成本获取最大的税收收入,包括行政效率和经济效率两方面:行政效率即征税过程自身的效率,要求税收成本在征收和缴纳的过程中耗费达到最小;经济效率即征税应有利于促进经济效率的提高,或者可以将对经济效率的不利影响降到最小。个人养老金财税激励政策也应坚持公平与效率相结合的原则,综合运用多种财税手段,兼顾各阶层各群体,建立广覆盖的个人养老金财税激励政策体系。

1. 强化税优政策公平性:补贴低收入群体 + 高收入群体退出机制

在公平方面,个人养老金制度的财税激励政策应具有普惠性质,政府应合理调节各方利益,承担起居民基本生活保障的"兜底"责任。目前我国个人养老金实行 EET 税收优惠模式,该模式对中等收入及以上群体有较好的激励作用,但广大的中低收入群体可能因收入不到起征点而无法享受;该模式非常适合正规部门就业群体,而我国庞大的非正规就业群体(包括个体工商户、自由职业者和一些灵活就业人群等个体劳动者)无法享受,上述群体自身的基本养老保险所缴纳的金额也相对较少,养老需求更高,但由于经济等因素无法通过购买补充养老保险来提升养老保障水平,因而无法享受个人养老金税收优惠政策。因此,应在目前 EET 模式基础上,通过多种财税手段提升个人养老金对中低收入群体参保的吸引力。

一方面，借鉴德国里斯特养老金计划的经验，制定多样化的财政补贴政策，扩大个人养老金的覆盖人群，保障财税激励政策的公平性。一是基础补贴，凡是参加个人养老金计划的低收入人群，在按时缴纳保费的基础上，可以向政府申请直接补贴；二是子女补贴，凡是拥有子女的低收入家庭，在参加个人养老金计划的基础上，按时缴纳保费，即可向政府申请儿童补贴；三是对于残疾以及患有重大疾病之类的具有特殊情况的低收入群体，可在原有补贴的基础上，提供额外的补贴，帮助其应对自身缺陷造成的贫困问题，扩大个人养老金税收优惠政策的普惠性。

另一方面，借鉴美国在 IRAs 账户管理方面的经验，抑制高收入群体的税收优惠力度，防止出现高收入群体得到过多税收优惠的情况。一是对延迟纳税比例和额度都进行严格的限制，通过建立动态工资限额体系，对参保人工资水平、消费习惯以及物价水平进行搜集分析，综合考虑给予投保人优惠税额的大小；二是通过建立高收入人群的退出机制，按照我国个人税收缴纳表，设计出税延型养老险的税收优惠额度表，本着税收优惠额度按照工资的增加而减少的原则，划分不同收入层级的税延型养老保险的最大税收优惠额度以及比例，搭建科学合理的退出机制，维护中低收入群体的利益，保证税收优惠政策的公平性。

2. 提升税优政策的效率：引入 TEE 模式 + 缴费限额差异化

在效率方面，个人养老金制度的财税激励政策应具备经济效率，以促进个人养老金制度的落地推广与养老保障制度的健全发展。推动养老金制度由现收现付制模式转向完全积累模式，促进金融体系由间接融资转向直接融资，使人们享有的养老权利和支付养老金的义务对等、待遇水平和缴费额度对等，从而发挥税收政策激励人们勤奋工作的作用。同时，个人养老金账户的税收模式还应注重行政效率，尽可能降低征管成本。快速扩大覆盖面、吸引更多群体积极参与是提升个人养老金制度效率的根本保障。

第一，逐步将各阶层各群体纳入个人养老金参保范围，针对各阶层各群体设计多样化的税收优惠政策。一是对收入未达到个人起征点和未进行固定缴税的个人引入 TEE 税优模式，根据他们购买的个人养老金产品金额直接进行扣税，在领取阶段再次免征个人所得税。根据财政部数据，我国近年个税改革将扣减相关费用的纳税基数从 3500 元提高到 5000 元后，纳税人占城镇就业人口的比例从 44% 下降到 15%，再加上六项专项附加扣除，实际纳税人群则更少，即就业人群中有超过 85% 的人不纳税，这部分人群也正是有迫切养老资产储备的人群，但 EET 税收优惠模式对其没有任何的吸引力，尤其是领取养老金时还要缴纳 3% 的个人所得税，导致这部分群体根本没有参与个人养老金的意愿。因此，可参照美国传统 IRAs 计划与罗斯 IRAs 计划分别采用 EET 与 TEE 模式的做法，引入 TEE 税收优惠模式，将 EET 与 TEE 相结合，提供两种个人养老金的税惠模式，供不同收入阶层的群体自行选择加入何种计划。EET 模式与 TEE 模式看起来只是后缴税和先缴税的区别，但对于收入未达个税门槛的群体来说，选择 TEE 模式意味着他们在正常缴纳个税时税额为 0，在投资、领取环节也不再缴税，这部分人在缴费、投资、领取三个环节均可以免税。同时，这也意味着税收优惠政策的适用范围由就业人口的 15% 变为全面覆盖，对低收入人群而言相当于是免税的政策，这样的制度设计会更有吸引力，而基于自身养老的金融诉求以及国家层面的政策支持，低收入群体加入养老金第三支柱的意愿将大为提升。二是个人养老金税优政策调整应考虑非在职群体的养老需求。我国非在职群体主要包括灵活就业人员、城乡非职工群体以及少部分失业者，这部分人群人口基数大，其中灵活就业人员已经达到 2 亿人左右，这部分群体的养老需求不容忽视。因此，个人养老金税收优惠政策可考虑在原有投保方式的基础上，为这类人群单独开辟办理渠道，并成立专门工作小组在社保部门与税务部门之间进行衔接，降低这部分人群享受税收优惠政策的门槛，扩大个人养老金的覆盖范围。

第二，因地制宜、灵活制定差异化的缴费限额。一是结合地区差异调整个人养老金税优政策。我国幅员辽阔，不同地区之间的经济发展水平参差不齐，因而不同地区人群的收入水平也有着极大的差异。因此，个人养老金税收优惠政策需要根据地区收入水平的差异性制定适合当地实际、各具特色的税收优惠政策，差异化设定相对应的税收优惠额度以及比例，避免影响部分群体购买个人养老金产品的热情。二是针对不同年龄段的人群，采取更加灵活细致的税优政策。目前我国有关政策规定，女性干部和女性工人的退休年龄分别为 55 周岁和 50 周岁，男性的退休年龄为 60 周岁，处于 50 周岁左右即将面临退休的老员工对个人养老金产品的兴趣很小，个人养老金的税优政策对其吸引力不大，养老储蓄资金的长期投资收益在短期内也并不明显。因此，针对即将退休的高龄员工，可将其个人账户的积累期适当延长，并提高缴费限额，以此激励即将退休的高龄职工购买个人养老金产品，如给予年龄大于 55 周岁的高龄员工额外的税收优惠缴费额度，引导其加速积累养老金；适当提高个人养老金适用人群的年龄上限，如允许 70 周岁及以下的离退休人员可以继续参与个人养老金计划，在帮助其建立起足额养老保障的同时，扩大个人养老金的覆盖面。另外，女性投保群体退休年龄低于男性，但平均寿命比男性要高，可以对女性群体提供更高的税收优惠额度和更多的财政补贴，刺激其参保积极性。

5.2.2 打通第二、第三支柱财税优惠政策

我国对企业年金计划制定了税收优惠政策，但由于当前企业年金覆盖面窄导致税收优惠政策并未得到充分利用。一方面，由于企业年金由企业自愿建立，如果员工所在单位没有企业年金，则无法参与该计划从而无法为自身养老进行储备。另一方面，当前我国的企业年金制度基本限定在大型国有企业，绝大部分中小企业没有意愿参与，因而大部分员工并未被企

业年金覆盖。因此，应统筹养老保险第二支柱和第三支柱的财税激励，通过畅通国家福利各体系间的资金流动实现税收优惠政策互通。

第一，打通养老保险第二、第三支柱间的税收优惠政策。一是对第二、第三支柱个人所得税优惠实行合并计量。对于未参与企业年金计划的员工，可以考虑允许其将在参加企业年金时可享受的税收政策叠加到个人养老金税优政策中。比如，将第二支柱企业年金给予个人工资计税基数4%税前扣除的缴费计入第三支柱缴费，提高个人养老金计划税收激励的吸引力。二是实行第二、第三支柱个人缴费税收优惠的额度共享。第二、第三支柱个人享受税优比例或者额度共享，对于第二支柱个人缴费没有达到税优上限的比例或者额度，可以允许将差额纳入第三支柱个人账户共享，如果没有参加第二支柱，则可以直接将全部比例或额度纳入第三支柱共享。可允许个人选择将企业年金余额转入个人养老金保险产品或某些认可的年金产品时暂不征税，待未来领取养老年金时再征收或减免一定个人所得税。三是实现个人养老金 EET 账户与企业年金、职业年金退休账户对接。退休账户是指原来拥有企业年金或职业年金账户的个人在退休后所持有的相应账户，账户按照一次领取或分期领取扣减延迟应纳税款后，领取的资金即为已纳税收入，可一次性或分期进入个人养老金 EET 账户投资。

第二，打通国家福利体系，整合个人税收优惠额度。一是中小微企业推广代扣代缴型个人养老金 EET 账户制。可以在提供第二、第三支柱个人缴费额度共享制度基础上，对符合条件的中小微企业，允许其建立简易式的、直接归属个人的养老金计划，由企业统一代扣代缴个人账户缴费，对未建立企业年金的企业，要求其为员工建立第三支柱养老金，均可合并计入职工第三支柱个人养老金账户。二是可以考虑将企业年金、住房公积金与第三支柱养老金的额度共享、累计。考虑企业年金与住房公积金制度的覆盖面，对于没有建立企业年金与住房公积金制度的中小企业，员工可选择将其可缴纳的额度累计到个人养老金账户上，职工不仅可以享受更多的税收优惠额度，更具备了投资的自主性，国家相当于将企业年金与住房公积金制度真正落实到每个人的身上，国家福利得到进一步体现。

5.2.3　科学把握财税优惠力度与节奏

养老保险第三支柱税收优惠政策应立足我国基本国情，坚持适度原则，量力而行并循序渐进调整政府负担。税收适度原则指的是税制建立和税收政策运用需要兼顾财政与经济承受能力，做到取之有度。遵循适度原则，要求税收负担恰当，即税收收入既能维持正常的财政支出需要，又可以保持与经济发展的协调同步，并在此基础上尽量减轻宏观税收负担。各国都是依照自身国情和实际需要建立养老金制度，我国也必须立足于我国基本国情，兼顾制度需要与经济承受能力，坚持适度原则，建立个人养老金税收优惠政策的最佳适用模式。坚持适度原则要求个人养老金税收政策兼顾国民养老需要与经济承受能力，做到取之有度。要保证参与者税收负担适中，税后收入既能满足正常的养老需要，也能在宏观上保持与经济发展协调同步。总体上看，在个人养老金制度实施初期，可进一步加大税收优惠力度，待个人养老金制度成熟、参与率和覆盖面达到一定水平后，可借鉴英国关于个人养老金允许税前扣除的年度缴费额度分阶段下调的做法，以及德国吕鲁普养老金计划领取阶段分步骤提升承担纳税义务的养老金比例的做法，根据养老保险第三支柱发展进程渐进减轻政府负担，适时调低对低收入群体缴费的财政补贴比例，同时灵活调整 EET 税延比例。

1. 建立个人养老金缴费限额动态调整机制

目前我国个人养老金参加人每年缴纳个人养老金额度上限为 12000 元，参加人每年缴费不得超过缴费额度上限，人社部、财政部根据经济社会发展水平、多层次养老保险体系发展情况等因素适时调整缴费额度上限，但未明确具体的调整机制。从近期看，可适当提高缴费限额。若考虑参照第一支柱中城镇职工缴纳 15 年可以领取养老金的年限标准，将第三支柱达到 10% 替代率所需的缴费年限设定为 15 年，则需要进一步提高抵扣限额才能达到这个目标，如每年的额度可提高至 24000 元或 36000 元。从长期看，可以考虑将个人养老金的缴费限额与工资增长率或通胀率挂钩。我国正处于高速稳定发展时期，考虑到通货膨胀、民众收入水平提高等因素，如果税收优惠额度保持不变，未来随着养老保障需求的进一步提高，那么商业养老保险所设定的税收优惠额度在投保人退休时达不到设定的养老金替代率，养老水平不及预期从而影响投保人老年生活。同时，缺乏优惠额度周期性调整机制将使得个人养老金的激励效果和保障水平大打折扣。因此，可参照美国 IRAs 计划和加拿大 RRSPS 计划的做法，未来个人养老金税收优惠政策改革中需要将优惠额度和工资增长率或者通货膨胀率挂钩，建立优惠额度动态调整机制以保证优惠政策在未来能持续提高群众的参保积极性。美国 IRA 在推出税收优惠政策初期设置的优惠额度为 1500 美元，期内经多次调整至 5500 美元，以满足参与人养老水平需求的提高；加拿大根据上一年的社会平均工资，每年公布一次缴费限额，最大程度保证缴费水平不降低。

2. 科学合理调整个人养老金领取阶段税率

根据我国《个人养老金实施办法》，个人领取的个人养老金不并入综合所得，单独按照 3% 的税率计算缴纳个人所得税，其缴纳的税款计入"工资、薪金所得"项目。对于原本就适用 3% 一档个税税率的中低收入者来说，其个税税负持平，没有体现优惠，而且这 3% 的税款不仅包括缴费阶段递延的税款，而且包括对个人养老金账户投资收益的征税，由于目前我国一般个人投资收益不征收资本利得税，因而个人养老金提取阶段计征 3% 的税款，实际上使税收优惠力度打了折扣。从国外看，实施 EET 税优模式的国家通常都对个人投资收益开征资本利得税，所以提取阶段税收优惠的吸引力才更大。此外，已经对投保人在投保阶段可以延税的额度进行了限制，经济社会中通货膨胀普遍存在，投保人在领取养老金时可承受的纳税负担能力下降进而对养老金领取环节的征税感受较强烈，这些因素使得税收优惠力度不充分的问题更加凸显。因此，在个人养老金制度推行的初期，对领取阶段的税务处理可有三种调整方案：一是可考虑在个人养老金领取的时候对于投资收益部分做免税扣除，增强税收优惠的吸引力。二是可以在领取环节根据不同收入水平设置分档税率，目前缴费阶段的统一税率存在累退效应，即在养老金领取阶段高收入群体并未随着收入的增加而多纳税，因而可以对不同收入群体在个人养老金领取阶段制定差异化税率，降低养老金领取时期个税征收税率"一刀切"的累退效应，并达到兼顾不同收入群体的公平性效果。三是可考虑免除养老金领取阶段的个人税收，即将个人养老金 EET 税优模式调整为 EEE 模式，在个人养老金的缴费、投资及领取阶段均不征税，待到个人养老金制度在我国发展初具规模以后，再适时地在养老金领取环节征税，恢复至 EET 税优模式。目前可行的做法是将个人养老金缴费限额作为第七项专项附加扣除，与前六项专项扣除的性质类似，子女教育专项扣除是为养育子女而享受税收优惠，赡养老人专项扣除是为扶养父母而享受税收优惠，个人养老金是参保人为自己养老进行资产储备而享受税收优惠，不仅可向百姓传达自身养老问题与抚养子女、赡养父母一样都需要提前准备的理念，同时符合国家减税降费政策导向，而且对国家公共预算收入的影响要在未来几十年后才会显现。

5.2.4 强化涉税政策的配套制度建设

我国个人养老金制度参照国务院办公厅印发的《关于推动个人养老金发展的意见》，不属于行政法规；人力资源和社会保障部、财政部、国家税务总局、银保监会、证监会联合印发的《个人养老金实施办法》，仅属于部门规章；其他与个人养老金密切相关的《保险法》和税收相关法律中还没有相关条款，目前针对个人养老金税收和保险方面的相关规定都属于临时通知，均不具备法律效力，缺乏法律护航导致个人养老金制度不具备应有的权威性和强制性。从国外情况看，发达国家个人养老金制度都有专门的法律法规以保障其合理合法性和制度执行力，都是在明确了相关税收优惠政策的法律制度后，适时推出了税延型个人养老金计划。美国《国内税收法典》和《雇员退休收入保障法案》对年金计划税收优惠政策作了详细规定，1978 年颁布的《税收法案》（Revenue Act）、1986 年颁布的《税收改革法案》（TRA）和 1996 年颁布的《小企业工作保护法案》（SBJPA）分别确立了不同类型的 IRAs。英国国家收入关联计划养老金于 1975 年通过《社会保障法案》推出，2008 年推出的《养老金法案》规定建立更具强制性的全覆盖的职业养老金计划。因此，我国个人养老金制度财税激励政策的高效运行，必须坚持规范性和便利性原则，不断完善涉税相关配套制度。

　　第一，从法律层面提升个人养老金税收优惠政策的权威性和规范性。一是充分认识税收法律保障的重要性。2008 年天津滨海新区补充养老保险试点很快被叫停，其主要原因在于：补充养老保险个人缴费部分中，个人工资薪金收入 30% 以内的部分可在个人所得税前扣除，税收优惠力度过大，缺乏立法为其提供保障，得不到税务及其他机关的支持，导致税收优惠政策的权威性丧失，最终也影响了政策试点的预期效果。二是厘清与现行税收政策的可能冲突。我国现行税法明确规定，对居民在领取养老金阶段免征个人所得税，但根据个人养老金 EET 税收优惠模式，在领取养老金阶段按 3% 计征个人所得税，这就需要对现行相关税法进行调整完善，进一步明确领取基本养老金不征税，对企业年金和职业年金以及个人养老金在领取阶段征收个人所得税，而对于保费不能在税前扣除的普通商业养老保险，在领取时不用再缴纳个人所得税。三是推动个人养老金税收优惠政策切实"有法可依"。我国政府为了遏制税收优惠政策泛滥和不规范等问题，通过发布税收优惠政策来明确涉税的具体事项，但由于有太多的领域和方面涉及税收优惠，通过税收优惠法解决养老保险第三支柱缺乏法律依据问题在短期内无法实现，因而在短期可择机将个人养老金税优政策在相关税收法律中予以体现确立，远期可考虑将个人养老金税优政策在未来出台的单独税收优惠法中固定和确立。

第二，在税收征管层面提升享受个人养老金税收优惠政策的便利性。一是明确个人养老金领取阶段的税收征缴归属原则。考虑到个人养老金资金账户的管理职责归属于商业银行，代扣代缴税费是商业银行的基本职责，同时，基于代扣代缴利息税等业务经验，商业银行在代理客户缴纳税费方面有丰富的业务经验，与税务机关的信息及资金交互有成熟的体系和系统支撑，业务流程较为顺畅。因此可考虑由银行作为个人养老金在待遇领取阶段时个人所得税的代扣代缴义务人。但税务机关也要明确税费征管的细则，如是否以商业银行总部所在地统一代全国客户缴纳税款，并提供个人客户的税源归属及缴费明细。其中税源归属的判定规则也需要进一步明确，是根据个人养老金资金账户的开户地，还是根据其基本养老保险的参保地，或是工作所在地，这些都需要在税收征管制度中予以明确。二是优化税延抵扣流程，科学进行纳税抵扣安排。在制度设计方面，提升个人养老金缴费限额税前扣除的定位，可考虑将其纳入个人所得税专项附加扣除项目，使其与子女教育、赡养老人等附加扣除项目一样得到公众认可，由此也可以提高居民参与个人养老金的积极性。在抵扣操作方面，进一步加强人社部个人养老金信息管理服务平台与商业银行、金融行业平台以及相关政府部门的对接，优化国家社会保险公共服务平台、全国人力资源和社会保障政务服务平台、电子社保卡、掌上 12333 App 等全国统一线上服务入口或者商业银行等渠道，确保所制定出的相关政策能够让个人养老金缴费流程最大程度地得以简化，个税抵扣手续更为简单、效率更高。

5.3　发挥养老保险第三支柱财税激励作用的保障措施

5.3.1　不断提升居民养老金融素养

从 2018 年个税递延商业养老保险试点情况看，受众面较窄、公众的知悉度不高是导致试点运行未达预期效果的重要原因之一，很多人并不知道可以享受延迟纳税优惠的个税递延商业养老保险产品，个人养老金制度的推广同样存在这个问题。因此，相关部门需要通过各种形式，加强对个人养老金制度和个人养老金产品的宣传。税务部门应加强对个人养老金延迟纳税优惠政策的解读和优惠力度的宣讲，及时回应和解答关于个人养老金税优政策的咨询；银保监会和证监会应及时发布个人养老金业务参与机构、业务流程等方面的信息，提升民众对购买个人养老金产品规则与流程的认知度；保险公司应及时发布个人养老金产品等相关信息，积极为客户介绍个人养老金产品；政府相关部门应积极引导民众不断增强依靠自我的积极养老理念，降低对国家和子女养老的期待，加强风险意识的普及力度，引导民众学习养老保险知识，为自己的养老做好规划，主动购买个人养老金产品。

金融素养是消费者对金融资源和金融相关问题作出决策的意识、技能和知识，我国居民金融素养普遍较低，加之普遍缺乏投资养老理念，居民整体的养老金融素养偏低，这对个人养老金制度的推广形成了明显制约。因此，应多措并举开展多样化的教育宣传，增强民众的养老投资意识，促进居民主动投资个人养老金产品。一是由政府主导推动，出台有关金融教育的政策文件，整合各方资源强化养老金融教育，引导国民养老金融素养和长期养老规划意识不断提升。二是金融监管部门应出台养老金融教育工作指引，宣传便于民众了解掌握的金融机构和养老金产品相关知识，鼓励、支持和引导市场机构强化对参保人养老投资意识的培育工作。三是市场机构发挥主体作用，要充分发挥其贴近基层、掌握一线民情的优势，积极开展投资者安全教育、向广大居民讲解养老金融产品知识及其运行逻辑，培养国民对于各种产品的选择能力，并在销售产品时充分揭露产品风险，促进居民逐渐培养客观、理性地看待养老投资，引导居民主动购买个人养老金产品。四是教育部门及学校可以主动开设金融安全教育、投资理财教育等课程，使青少年从小形成正确的投资理财意识和风险控制观念，为个人养老金发展培养潜在力量。

5.3.2　推动创新个人养老金产品

在个人养老金发展过程中，商业保险公司是一个重要环节和参与主体。我国将商业养老保险定位为社会保障体系的重要支柱，但目前商业养老保险距离成为个人和家庭商业保障计划的主要承担者、企业发起的养老健康保障计划的重要提供者、社会保险市场化运作的积极参与者还有不小的差距。同时，个人养老金属于政府支持的第三支柱，其收益相对于其他商业养老保险产品偏低，这就使得保险公司推广个人养老金产品缺乏足够的动力。因此，需要对积极推广个人养老金产品的保险机构给予一定的支持政策。其中，增设激励保险机构及其他开发和销售个人养老金产品机构的税收优惠政策是一个重要方面。一是可以考虑在企业所得税、金融业增值税及部分小税种方面对经营个人养老金产品的保险公司给予税收优惠，降低此类保险产品的开发设计、拓展运营成本，激发保险公司推广个人养老金产品的热情。日本 iDeCo 个人养老金计划规定，保险公司在推广商业养老保险时，可以享受更加优惠的企业所得税税率，并且其管理的商业养老保险的管理收入免征企业所得税。二是适当赋予符合条件的金融机构开发和销售个人养老金产品的权限，并给予其税收优惠，激励更多金融机构参与到个人养老金产品的推广中。根据美国 IRAs 的经验，商业养老保险的开发和销售不局限于保险公司，得到授权的金融机构均可设计和销售延税型养老保险产品。

构建风险等级不同的多样化的个人养老金产品体系，有利于促进养老金产品充分满足投保人的细分养老需求。从国际实践看，风险等级不同、具有多种投资选择的养老金产品，充分满足了各个年龄段、具有多种投资偏好和不同风险偏好人群的差异化养老需求。如美国的个人养老金产品涵盖银行存款、共同基金以及股票、债券等；英国的个人养老金产品包括股票、证券、存款、权益类资产及不动产等，德国、日本的养老金产品除普通投资品外，还涉及房地产。目前我国的个人养老金产品主要包括养老目标基金、专属商业养老保险、银行养老理财产品、特定养老储蓄，总体来看产品类别还不够多样化且大多处于试点阶段，因此，应进一步创新多样化的个人养老金产品。一是针对不同群体提供不同功能的产品。对追求高收益且能承担更高风险的年轻群体，应为其设计较高风险且回报率高的养老金产品；对于更注重安全性而对收益要求相对较低的老年群体，应为其提供银行储蓄存款或理财等传统型的养老金产品。此外，可基于各个群体在不同生命周期阶段对风险与收益的偏好变化，允许其对已购买的个人养老金产品进行灵活调整和适时转化，可转化的个人养老金产品至少可以包括基金、银行存款、商业保险产品等。二是针对不同群体的养老需求设计差异化的个人养老金产品。在职人员与失独或无子等困难人群、退休人员的养老需求存在很大的差异。对于在职人员，能够得到基本养老保险的保障，因而其养老需求已经得到一定程度的满足，购买养老保险第三支柱产品对其而言仅仅是提供进一步改善老年生活质量的补充性需求，因而应为其设计保值增值功能更强的养老金产品；对于困难人群，得不到子女养老导致其特别注重养老金的安全问题，因而应为其设计风险控制功能更强的养老金产品；对于退休人员，普遍年龄偏大且思想保守、健康程度较差，因而应为其提供健康保障功能更强的长期护理保险产品或意外健康保险产品等。三是充分发挥商业银行理财子公司创新个人养老金产品的优势。引导养老理财公司基于民众生命周期设计提供风险偏好各异的专属养老理财产品和服务，拓宽养老理财产品的投资渠道，推出更多收益率高、权益资产配置比例高、能够长期进行投资的养老理财产品，以此扩大产品的覆盖面，有效激励追求高收益且风险偏好强的人群积极参与购买。

5.3.3　强化养老金融财税政策激励

养老金融是积极应对人口老龄化的重要着力点，包括养老金金融、养老服务金融和养老产业金融三个层面。从养老金筹资角度看，个人养老金及商业养老保险属于养老金金融的范畴；从产品角度看，个人养老金产品属于养老服务金融的重要组成部分；从投资角度看，个人养老金资金是养老产业金融的重要资金来源，因此，有效推动养老金融发展、加强对养老金融的政策激励有利于带动个人养老金快速发展。其中，加强对养老金融的财税政策激励是一个重要方面，可以借鉴国际经验，统筹支持养老金融发展的相关财税政策，充分调动养老金融各受益主体的积极性。

第一，应制定针对创新养老金融产品的专属财税优惠政策，充分调动金融机构提供养老金融业务的积极性。考虑到养老金融作为积极应对人口老龄化重要举措的战略意义，应强化养老金融产品的专属属性，从期限要求、绩效考核方法、监管要求等方面作出与其他金融产品的不同规定，并适当提供财税等政策激励。这需要为金融机构提供养老金融业务创造良好的政策环境。一是通过财政贴息、专项补助金、税收优惠等财税政策，鼓励金融机构积极创新养老金融产品。二是对参与养老金融业务的金融机构提供税收优惠政策。可实施差异化的增值税减免措施，降低金融机构提供养老金融业务的税负水平。三是针对住房反向抵押等特定养老金融产品加大财税激励力度，调动商业银行和保险公司积极参与住房反向抵押业务。我国已于2014年在北京、上海、广州和武汉四个城市开展住房反向抵押贷款养老模式试点，但金融机构和老年人都没有积极参与。未来可考虑免除住房反向抵押贷款合同的计税贴花，调降住房反向抵押贷款结束后金融机构对二手房进行交易时的相关税率，对参与住房反向抵押贷款养老模式的商业银行和保险公司实行专属税收优惠，调动其参与住房反向抵押业务的积极性。

第二，应制定鼓励养老产业发展融资的财税激励政策，充分调动社会资本参与养老产业发展的积极性。养老产业快速发展需要形成"政府引导、社会兴办、市场推动"的运作模式，尤其要通过政策优惠吸引社会力量共同参与养老设施建设、养老产业运营。一是制定引导养老产业发展的财税政策，采取税收优惠、减免费用等财税政策手段，激励社会资本参与养老产业的发展，增加对养老设施建设的投入。如对企业、个人及各类民间资金用于社区养老整体建设维护的设备、租用房屋支出，以及房地产开发中配建的养老服务公共设施支出，制定所得税及土地增值税的税前抵扣优惠政策。二是加大财税优惠政策对社会养老服务产业的支持力度，通过财政补贴、贴息、税收减免等形式扶持养老服务机构，激励各类社会资本以各种方式兴办各种类型的养老服务机构。三是对投资养老地产的企业提供税收优惠，引导投资者向养老地产行业倾斜。我国目前对REITs融资实行双重征税制，既对融资企业征收企业所得税，又对投资者征收个人所得税，未来可考虑对养老地产REITs融资企业在一定期限内减征或免征企业所得税，同时对投资于养老地产REITs的投资人给予税收优惠。四是积极运用PPP、产业专项债、政府产业引导基金等政策性金融工具，适当向中小企业、社区养老、居家养老等缺乏资金的群体和领域倾斜，培育养老产业。五是建立养老服务产业担保基金，降低养老产业中小企业融资成本。可借鉴日本公库为信用保证协会提供再保险的方式，通过政府建立担保机制缓释养老服务产业中小企业信用风险。

5.3.4　优化养老金投资市场环境

我国资本市场建设起步晚、规模小、经验尚浅，投资市场的发展尚未成熟，相关监管制度体系不够完善，广大居民倾向于规避风险而愿意投资于收益相对稳定的政府债券和风险偏低的银行理财产品，同时我国商业养老保险产品的投向和用途主要由商业保险公司操作，参保人很少参与其中。在欧美国家，允许参保人自由选择开立私人养老金账户的金融机构，参保人也可以按照自己的意愿将养老储蓄投资于股票、债券及各种类别的信托基金，有利于充分提升居民参与个人商业养老保险的积极性和便利性。从我国情况看，养老金资产的保值增值和养老金入市面临较大的压力和风险，需要不断加强对资本市场的规范引导和监督管理，不断优化养老金入市的资本市场环境和投资生态环境。一是要进一步优化规范资本市场发展的制度机制，持续完善资本市场的信息公开披露机制，推动各类产品市场在健全完善多层次资本市场体系中的作用。二是优化资本市场生态环境和资本市场资源配置效率，注重满足资本市场机构投资者对创新产品的需求和实体经济直接融资的多样化需求，充分发挥养老金在资本市场投资的风向标作用，引导各类中长期资金和社会资本进入资本市场。

养老金投资的回报率是影响个人养老金账户资金积累的重要因素，同时投资回报率也会影响个人养老金的替代率。发达国家的资金运营和管理具有成熟的体系，投资渠道多样化，确保收益具有稳定性，能够保证资金支撑养老计划的稳健有序运行。因此，应针对提高个人养老金投资收益制定相应的支持政策。

第一，在政府、保险公司和投资管理人三方面强化规范运行。一是政府根据开展个人养老金业务的保险公司自身资本结构和风险情况，在确保个人养老金资金安全的前提下，允许个人养老金基金投资渠道适当拓宽。二是保险公司将其精算技术与投资策略上的优势充分发挥出来，在基金安全性获得保障的基础上对其配置加以优化，促使其投资效益率进一步获得提升。三是个人养老金资金投资管理人选择机制应实现市场化，可向保险资金的委托模式看齐。从国外实践看，市场化的选聘机制对养老金的管理裨益良多，通过引入市场上更多优秀的养老资产管理机构，促使托管机构提供更加多元化的产品，降低大类品种以及投资策略的相关性，有效规避因投资策略变动导致投资边际效益降低的现象。

第二，制定引导养老金投资方向的财税支持政策，充分提升养老金投资管理的安全性和收益性。养老金的特定职能决定了其投资管理的关键是获得安全可靠的长期回报，由此确保养老保险体系的可持续性。一方面，积极推动养老金入市是确保养老资产保值增值的重要途径，不仅可以用投资收益弥补养老金缺口，而且账户积累的养老资产实现增值后可以进一步调动民众的参与积极性。另一方面，养老金投资尤其是国际养老基金越来越重视向环境、社会与治理（ESG）投资，主要通过直接参与、碳足迹计算、投资绿色技术、从化石燃料企业撤资等四大途径践行可持续投资理念。财税政策在引导做好养老金投资方面大有可为。借鉴日本通过 NISA 账户对养老金资产投资实行免税优惠及新加坡通过政府特殊债券支持养老金投资等做法，加大鼓励养老金投向国家建设重点项目的政策优惠力度。根据我国现行《基本养老保险基金投资管理办法》，投资国家重大项目和重点企业股权的比例控制在养老基金资产净值的 20% 以内，未来可考虑适当提高投资国家重大项目和重点企业股权的比例并增加财税优惠政策。

参 考 文 献

［1］鲍淡如. 加快发展第二、三支柱养老金的思考［J］. 中国社会保障，2019（4）：30.

［2］蔡仕兵. 养老金融发展的理论与实践问题［J］. 市场论坛，2019（10）：58－59，66.

［3］畅彦琪. 我国个人商业养老保险税收递延的可行性研究［D］. 济南：山东大学，2014.

［4］陈凯. 第三支柱个人养老金有望成为中国版 IRA［N］. 中国保险报，2019－09－12.

［5］崔军，刘伟华. 我国个税递延型商业养老保险试点方案税收优惠测算研究［J］. 经济研究参考，2018（55）：23－33.

［6］大卫·布莱克. 养老金金融学［M］. 尹隆，王蒙，译. 北京：机械工业出版社，2014.

［7］丹尼斯·E. 罗格. 养老金计划管理［M］. 林义，译. 北京：中国劳动社会保障出版社，2003.

［8］丁少群，王一婕. 税制对养老保险业务发展的影响——以美国个人退休账户的养老保障税优政策为例［J］. 中国保险，2017（6）：33－38.

［9］董克用，施文凯. 个人账户的改革方向：纳入第三支柱个人养老金制度［J］. 经济研究参考，2019（6）：117－118.

［10］董克用，施文凯．加快建设中国特色第三支柱个人养老金制度：理论探讨与政策选择［J］．社会保障研究，2020（2）：3-12．

［11］董克用，孙博．从概念框架到政策探索：我国第三支柱个人养老金发展路径［C］//中国养老金融50人论坛．中国养老金融发展报告（2017）．北京：社会科学文献出版社，2017．

［12］董克用，王振振，张栋．中国人口老龄化与养老体系建设［J］．经济社会体制比较，2020（1）：53-64．

［13］董克用，姚余栋，孙博．中国养老金融发展报告（2020）［M］．北京：社会科学文献出版社，2020．

［14］董克用，姚余栋．中国养老金融发展：挑战与应对［J］．中国经济报告，2019（1）：113-117．

［15］董克用，姚余栋．中国养老金融发展报告（2018）［M］．北京：社会科学文献出版社，2018．

［16］董克用，张栋．公共养老金和私人养老金：制度分野、国际经验与启示［J］．清华金融评论，2017（3）：75-79．

［17］董克用，张栋．人口老龄化高原背景下加快我国养老金体系结构化改革的思考［J］．新疆师范大学学报（哲学社会科学版），2018，39（6）：13-25，2．

［18］董克用，张燕婷，施文凯．税务征收体制下的基本养老保险个人缴费基数：问题、机制与对策［J］．税务研究，2020（5）：19-24．

［19］董克用．第三支柱个人养老金制度建设的理论探讨［C］//中国养老金融50人论坛（CAFF50）．中国养老金融50人论坛上海峰会会议发言材料．北京：CAFF50，2018．

［20］董克用．第三支柱建立关键点在于国家立法及财税政策支持［C］//中国养老金融50人论坛．2019年养老金融文集汇编（下）．中国养老金融50人论坛，2019：28．

［21］董克用．建立和发展中国特色第三支柱个人养老金制度［J］．中国社会保障，2019（3）：34－36．

［22］董克用．应对老龄化需高度重视养老金融发展［J］．当代金融家，2016（7）．

［23］段丹丹．我国实行个人退休账户制度研究［D］．北京：首都经济贸易大学，2017．

［24］段家喜．充分发挥市场机制在养老金体系中的作用［J］．清华金融评论，2017（S1）：142－149．

［25］段家喜．个人养老金税优政策国际经验［J］．中国金融，2019（13）：63－65．

［26］段家喜．税优个人养老金的关键问题［J］．中国金融，2018（7）：67－69．

［27］段家喜．正视中国养老金的成就与问题［J］．上海国资，2016（11）：95－97．

［28］段家喜．中国养老金体系急需创新再改革［J］．清华金融评论，2017（1）：90－92．

［29］范堃，竺琦，钱林义，等．基于目标替代率的税延型商业养老保险扣除限额优化研究［J］．保险研究，2020（2）：70－81．

［30］房连泉．全面建成多层次养老保障体系的路径探讨——基于公共、私人养老金混合发展的国际经验借鉴［J］．经济纵横，2018（3）：75－85．

［31］房延．人口老龄化下中国社会养老保障体系的建设［J］．北京金融评论，2019（4）：67－77．

［32］冯丽英．养老金大类资产配置管理的策略［J］．中国银行业，2019（4）：29－31．

［33］高姿姿．基于国际经验的我国个人税收递延型商业养老保险政策建议［J］．劳动保障世界，2019（17）：41－43，47．

[34] 哥斯塔·埃斯平·安德森. 福利资本主义的三个世界 [M]. 苗正民, 等译. 北京: 商务印书馆, 2010.

[35] 郭林. 公共养老金个人账户制度嬗变研究 [M]. 北京: 社会科学文献出版社, 2016.

[36] 韩克庆. 全面建成多层次社会保障体系 [N]. 中国社会科学报, 2020 - 07 - 01 (3).

[37] 韩笑. 深化商业养老保险供给侧改革 推动税延养老险减税扩围 [N]. 中国银行保险报, 2019 - 11 - 01 (6).

[38] 何士宏. 中国养老保障商业化运作研究 [D]. 武汉: 武汉大学, 2013.

[39] 何文炯. 第一支柱是多层次养老金体系建设的关键 [J]. 中国人力资源社会保障, 2017 (12): 14 - 15.

[40] 何亚平. 共建共享创新服务 推动第三支柱养老金健康发展 [C] //中国养老金融 50 人论坛. 养老金融评论 (2019 年第一辑). 北京: 中国工商银行养老金业务部, 2019.

[41] 贺晓波, 宋雅京, 曾诗鸿. 降低养老统筹费率、试行个税递延型商业险的储蓄效应 [J]. 上海经济研究, 2020 (2): 122 - 128.

[42] 洪磊. 专业化制度化保障基金安全入市 [J]. 中国人力资源社会保障, 2015 (9): 28 - 30.

[43] 侯仕樱, 席晓宇, 王欣, 等. 我国税收优惠政策对商业健康保险需求影响研究 [J]. 中国卫生经济, 2018, 37 (12): 18 - 22.

[44] 胡继晔. 我国第三支柱个人养老金制度建设前瞻 [J]. 中国社会保障, 2019 (6): 28 - 30.

[45] 胡怡建, 刘崇珲. 完善税收优惠政策 加快推进第三支柱养老保险发展 [J]. 税务研究, 2021 (12): 5 - 9.

[46] 黄洪. 推动商业养老保险改革发展 [J]. 中国金融, 2017 (9):

9 – 11.

[47] 黄万鹏. 推进个人税收递延型养老保险 助力多层次养老保障体系建设 [J]. 宏观经济管理，2019 (6)：18 – 24.

[48] 黄雪，王宇熹. 个人税收递延型商业养老保险优惠政策研究 [J]. 经济与管理，2015，29 (6)：28 – 35.

[49] 贾开一. 商业保险参与构建多层次养老保障体系研究 [D]. 长春：吉林大学，2017.

[50] 贾康. 财税政策激励第三支柱养老保险 [J]. 法人，2021 (4)：14 – 15.

[51] 金维刚. 医保待遇及其调整应与筹资水平相适应 [J]. 中国医疗保险，2017 (6)：21 – 22.

[52] 劳伦斯·汤普森. 老而弥智——养老保险经济学 [M]. 孙树菌，等译. 北京：中国劳动社会保障出版社，2003.

[53] 雷晓康，张宇飞. 我国税收递延型养老保险的政策优化路径研究 [J]. 西藏民族大学学报 (哲学社会科学版)，2019，40 (2)：143 – 148.

[54] 黎丹，韦生琼. 个税递延型商业养老保险的可行性评估——以四川省为例 [J]. 财经科学，2016 (10)：11 – 22.

[55] 李洁雪. 2018 中国养老金第三支柱发展元年报告书：化解中国老龄化难题 [J]. 财经界，2018 (31)：52 – 53.

[56] 李静萍. 区域商业养老保险与社会养老保险发展协调度分析 [J]. 中南民族大学学报 (人文社会科学版)，2014 (5)：128 – 131.

[57] 李俊飞. 德国个税递延型养老保险改革及评述——以里斯特改革为例 [J]. 武汉金融，2012 (3)：34 – 35，38.

[58] 李丽. 个税递延型养老保险试点社会调查及政策优化 [J]. 甘肃金融，2020 (10)：47 – 49，26.

[59] 李旭红. 养老保障体系第三支柱的税收问题研究 [M]. 北京：

中国财政经济出版社，2020.

[60] 李亚军. 英国养老金金融化改革的经验和启示 [J]. 社会保障研究，2017（1）：84－94.

[61] 李彦. 关于个税递延型商业养老保险税收优惠政策的研究 [J]. 纳税，2020，14（15）：1－5.

[62] 李志淦. 浅谈税延商业养老保险试点工作以及税收政策的局限性和应对措施 [C] //中国养老金融50人论坛. 养老金融评论（2019年第四辑）. 北京：兴业银行养老金融中心，2019.

[63] 李子耀. 个税递延型养老保险发展问题探究 [J]. 上海立信会计金融学院学报，2018（5）：89－100.

[64] 林世洪. 商业银行对养老金第三支柱业务的探索与实践 [J]. 2024（4）：10.

[65] 林义，周娅娜. 德国里斯特养老保险计划及其对我国的启示 [J]. 社会保障究，2016（6）：63－70.

[66] 林义. 中国多层次养老保险的制度创新与路径优化 [J]. 社会保障评论，2017（3）：29－42.

[67] 林羿. 美国企业养老金的监督与管理 [M]. 北京：中国财政经济出版社，2006.

[68] 刘万. 账户年金化与商业年金保险的发展 [J]. 经济评论，2009（1）：99－106.

[69] 刘云香，丁建定. 美国养老保险体制改革及其经验 [J]. 南都学刊（人文社会科学学报），2007（4）：28－31.

[70] 鲁蓓，郑秉文. 发展第三支柱养老保险须制度创新 [N]. 中国银行保险报，2021－12－09（2）.

[71] 鹿峰. 2011—2035年中国全口径养老金需求研究 [D]. 北京：清华大学，2011.

［72］路锦非，杨燕绥．第三支柱养老金：理论源流、保障力度和发展路径［J］．财经问题研究，2019（10）：86－94．

［73］罗伯特·霍尔茨曼，理查德·欣茨．21世纪的老年收入保障——养老金制度改革国际比较［M］．郑秉文，等译．北京：中国劳动社会保障出版社，2006．

［74］罗伯特·霍尔茨曼，爱德华·帕尔默．名义账户制的理论与实践［M］．郑秉文，等译．北京：中国劳动社会保障出版社，2017．

［75］罗桂连．受益人利益最大化：个人账户养老金公共治理问题研究［D］．北京：清华大学，2011．

［76］马歇尔·N.卡特钱，威廉·G.希普曼．信守诺言——美国养老社会保险制度改革思路［M］．李珍，等译．北京：中国劳动社会保障出版社，2003．

［77］尼古拉斯·巴尔，彼得·戴蒙德．养老金改革：理论精要［M］．郑秉文，等译．北京：中国劳动社会保障出版社，2013．

［78］聂国春．夯实养老保险"第三支柱"势在必行［N］．中国消费者报，2019－10－09（3）．

［79］彭雪梅，刘海燕，孙静．关于个人税收递延型养老保险的社会公平问题探讨［J］．西南金融，2014（11）：36－39．

［80］齐传钧．自愿性个人养老金能填补公共养老金缺口吗？——从理论到实践的反思［J］．保险研究，2020（8）：103－115．

［81］齐钧．美国个人退休账户的发展历程与现状分析［J］．辽宁大学学报（哲学社会科学版），2018（3）：77－87．

［82］钱林浩．搭建养老第三支柱需凝聚政策合力［N］．金融时报，2019－08－14（9）．

［83］乔伟，锁凌燕．时间偏好动态不一致框架下的个税递延型商业养老保险需求研究［J］．保险研究，2017（6）：59－69．

［84］邱薇，刘李杰．美国第三支柱养老金个人退休账户（IRA）计划管理运作及借鉴［J］．清华金融评论，2014（8）：47－49．

［85］沈玉平，沈凯豪．税延政策下不同收入层人群养老保险模式选择——基于累进税制和比例税制的综合实证研究［J］．财经论丛，2017（3）：18－30．

［86］世界银行．防止老龄危机：保护老年人及促进增长的政策［M］．劳动部社会保险研究所，译．北京：中国财政经济出版社，1996．

［87］宋凤轩，王坤．个税递延型养老保险发展策略［J］．经济研究参考，2018（22）：21－26．

［88］宋凤轩，张泽华．日本第三支柱养老金资产运营管理评价及借鉴［J］．社会保障研究，2019（6）：90－99．

［89］苏罡．发挥养老金长期资金优势 推动价值投资实践［J］．清华金融评论，2019（2）：44－45．

［90］孙博．养老金第三支柱的重要意义［J］．中国人力资源社会保障，2019（10）：3－7．

［91］孙宏．第三支柱的多国比较及对我国的启示［J］．中国人力资源社会保障，2017（12）：34－35．

［92］孙洁．个税递延型养老保险试点［J］．中国金融，2019（13）：58－60．

［93］孙守纪．发展个人账户养老保险计划［J］．中国保险，2015（10）：22－25．

［94］锁凌燕．个税递延型养老保险探析［J］．中国金融，2016（18）：48－50．

［95］锁凌燕．个税递延养老保险发展思考［J］．中国金融，2018（22）：78－79．

［96］锁凌燕．如何化解税延养老保险发展之困［J］．中国保险，

2020（10）：8－11.

［97］唐霁松.加快推进养老保险基金的投资运营［J］.中国人力资源社会保障，2020（10）：22－24.

［98］庹国柱，段家喜.我国发展税优个人养老金的关键问题、总体框架及政策建议［J］.陕西师范大学学报（哲学社会科学版），2018，47（5）：5－14.

［99］王成.中国养老金缺口的成因、风险及对策研究［J］.财经理论研究，2015（2）：75－82.

［100］王都鹏.关于养老金第三支柱建设的路径分析［J］.当代经济，2017，（23）：32－33.

［101］王光剑.全方位布局养老保障体系［N］.中国银行保险报，2020－06－11（6）.

［102］王小平.我国第三支柱养老保险发展分析［J］.保险理论与实践，2020（1）：45－54.

［103］王晓军，詹家煊.税延政策真能刺激养老保险市场需求吗［J］.保险研究，2019（7）：94－105.

［104］王延中，龙玉其，单大圣.中国社会保障发展报告（2018）［M］.北京：社会科学文献出版社，2018.

［105］王延中，龙玉其，单大圣.中国社会保障发展报告（2019）［M］.北京：社会科学文献出版社，2019.

［106］王延中，龙玉其.我国养老服务体系建设的进展、问题与对策［J］.中国浦东干部学院学报，2018（2）：122－129.

［107］王延中.习近平新时代我国社会保障体系的改革方向［J］.社会保障评论，2018（1）：13－26.

［108］王翌秋，李航，吴海盛，等.税收递延型养老保险的方案设计与对策建议［J］.金融纵横，2017（2）：81－88.

[109] 王元立，刘洪民 . 养老保险制度的国际比较及对我国商业养老保险建设的启示 [J] . 社会福利（理论版），2020（3）：46 - 51.

[110] 王增强，孙瑜 . 个人税收递延型商业养老保险：试点成效与未来展望 [M] // 董克用，姚余栋，孙博，等 . 中国养老金融发展报告（2019）. 北京：社会科学文献出版社，2019.

[111] 王振耀，田小红 . 中国养老体制结构转型思考 [J] . 行政管理改革，2015（5）：23 - 28.

[112] 危素玉 . 我国个人商业养老保险的税优政策研究——基于个税递延型商业养老保险试点 [J] . 金融理论与实践，2018（8）：5，108 - 112.

[113] 温来成，贺志强，张偲 . 我国第三支柱养老保险税收政策完善研究 [J] . 税务研究，2021（12）：16 - 22.

[114] 翁小丹，李铭，余海微 . 国外商业养老保险税收制度比较 [J] . 上海金融，2009（8）：61 - 64.

[115] 吴海波，陈天玉，朱文芝 . 税优健康险"叫好不叫卖"的深层原因及其破解策略 [J] . 保险职业学院学报，2019，33（3）：68 - 72.

[116] 吴祥佑，许莉 . 个税递延型养老保险的福利效应 [J] . 财经问题研究，2014（10）：85 - 90.

[117] 吴孝芹 . 商业养老保险税收优惠政策激励效果影响因素分析 [J] . 辽宁大学学报（哲学社会科学版），2019，47（3）：75 - 84.

[118] 席毓，孙玉栋 . 第三支柱养老保险税优方式探讨 [J] . 经济问题探索，2020（1）：49 - 62，81.

[119] 席毓，孙玉栋 . 第三支柱养老保险税优模式探讨——基于 TEE 模式和 EET 模式的对比研究 [J] . 经济问题探索，2020（1）：49 - 62，81.

[120] 仙蜜花 . 我国个税递延型商业养老保险制度研究 [J] . 当代经济管理，2017，39（7）：80 - 86.

[121] 兴业银行普惠金融部养老金融中心. 养老金第三支柱"账户制"建设大有可为 [J]. 中国银行业, 2019 (4): 48.

[122] 徐卫周, 张文政. 个税递延型商业养老保险的国外经验及我国借鉴探究 [J]. 北京交通大学学报 (社会科学版), 2017 (1): 63 - 69.

[123] 闫化海. 浅析第三支柱个人养老金的产品体系 [C] //中国养老金融 50 人论坛. 中国养老金融 50 人论坛 2018 年上海峰会论文集. 北京: 中国养老金融 50 人论坛, 2018: 21 - 26.

[124] 杨菊华. 新时代家庭面临的新问题及未来研究方向 [J]. 妇女研究论丛, 2018 (6): 9 - 12.

[125] 杨良初. 我国可持续"三支柱"养老保障制度构建 [J]. 地方财政研究, 2019 (7): 74 - 84, 92.

[126] 杨娉, 邢秉昆. 国外第三支柱个人养老金制度 [J]. 中国金融, 2021 (8): 92 - 93.

[127] 杨伟国, 吴清军, 张建国, 等. 中国灵活用工发展报告 (2022) [M]. 北京: 社会科学文献出版社, 2021.

[128] 杨燕绥, 路锦非. 积极财政政策与养老保险发展 [J]. 中国金融, 2019 (8): 54 - 55.

[129] 杨燕绥, 妥宏武, 杜天天. 国家养老金体系及其体制机制建设 [J]. 河海大学学报 (哲学社会科学版), 2018, 20 (4): 30 - 37, 91.

[130] 杨燕绥. 中国企业年金的价值、挑战和发展 [J]. 中国人力资源社会保障, 2016 (10): 14 - 16.

[131] 杨宜勇, 吴香雪. 养老保险制度体系改革与税收扶持机制研究 [J]. 税务研究, 2018 (1): 25 - 30.

[132] 姚余栋. 养老金融、个税改革与去杠杆 [J]. 金融客, 2016 (9): 12 - 13.

[133] 尹蔚民. 全面建成多层次社会保障体系 [J]. 中国社会保障,

2018（2）：14 - 16.

［134］于秀伟．从"三支柱模式"到"三层次模式"——解析德国养老保险体制改革［J］．德国研究，2012，27（2）：70 - 79，126.

［135］袁妙彧．养老保障"三支柱"制度的平衡与衔接——以英国养老金协议退出制度为例［J］．郑州大学学报（哲学社会科学版），2010（6）：98 - 102.

［136］袁中美，郭金龙．个税递延型商业养老保险的政策效应与优化策略——个人养老金计划的国际比较和上海案例的模拟测算［J］．西部论坛，2018，28（6）：100 - 110.

［137］袁中美，郭金龙．私营养老金计划税收优惠模式比较及国际经验借鉴［J］．税务与经济，2018（6）：80 - 89.

［138］张绍白．关于个人税延型养老保险试点工作的思考［J］．中国财政，2016（8）：60 - 61.

［139］张学成，崔文华．浅谈银行业参与养老金第三支柱的制度准备［J］．中国银行业，2019（4）：32 - 34.

［140］张晏玮，王国军．美国个税递延型养老保险的影响因素对中国的启示［J］．武汉金融，2018（10）：69 - 75.

［141］章君．对个人税收递延型商业养老保险政策的解析［J］．注册税务师，2019（5）：32 - 35.

［142］郑秉文．"多层次混合型"养老保障体系与第三支柱顶层设计［J］．社会发展研究，2018，5（2）：75 - 90.

［143］郑秉文．大幅"双降"：社保制度改革进程中的一个转折点——从长期制度安排和长期经济增长的角度［J］．华中科技大学学报，2019（3）：1 - 10.

［144］郑秉文．第三支柱商业养老保险顶层设计：税收的作用及其深远意义［J］．中国人民大学学报，2016，30（1）：2 - 11.

[145] 郑秉文. 改革开放 40 年：商业保险对我国多层次养老保障体系的贡献与展望 [J]. 保险研究，2018 (12)：101 - 109.

[146] 郑秉文. 加快推进养老金第二和第三支柱发展 [N]. 中国证券报，2016 - 10 - 13 (A17).

[147] 郑秉文. 科学认识商业养老保险在多层次养老保障体系中的功能 [J]. 天津社会保险，2016 (6)：19 - 20.

[148] 郑秉文. 商业保险参与多层次社会保障体系的方式、作用与评估 [J]. 辽宁大学学报（哲学社会科学版），2019 (6)：1 - 21.

[149] 郑秉文. 拯救未来——加拿大养老金"1997 改革"纪实 [M]. 北京：中国劳动社会保障出版社，2017.

[150] 郑秉文. 中国养老金发展报告 2015——"第三支柱"商业养老保险顶层设计 [M]. 北京：经济管理出版社，2015.

[151] 郑秉文. 中国养老金发展报告——主权养老基金的功能与发展 (2018) [M]. 北京：经济管理出版社，2018.

[152] 郑秉文. 中国养老金精算报告 2019—2050 [M]. 北京：经济管理出版社，2019：97.

[153] 郑功成，郭林. 中国社会保障推进国家治理现代化的基本思路与主要方向 [J]. 社会保障评论，2017，1 (3)：3 - 16.

[154] 郑功成. 多层次社会保障体系建设：现状评估与政策思路 [J]. 社会保障评论，2019，3 (1)：3 - 29.

[155] 郑功成. 用理性力量促共同发展——关于社会保障与商业保险的几点看法 [J]. 保险理论与实践，2016 (1)：21 - 29.

[156] 郑功成. 中国养老保险制度的风险在哪里 [J]. 中国金融，2010 (17)：40 - 41.

[157] 中国保险行业协会. 养老金第三支柱应突出风险保障和长期储蓄功能 [J]. 中国战略新兴产业，2018 (14)：1.

［158］中国保险行业协会．中国养老金第三支柱研究报告［M］．北京：中国金融出版社，2019：161-262．

［159］中国社会保险学会课题组．建立中国特色第三支柱个人养老金制度研究［M］．北京：中国劳动社会保障出版社，2019．

［160］中国证券报官网．欧阳剑环：保险保障功能充分发挥　人民群众获得感大幅提升［EB/OL］．（2021-12-24）．https：//www.cs.com.cn/xwzx/hg/202112/t202112224_6230450.html.

［161］钟蓉萨．推动长期投资，共建养老金融生态［C］//中国养老金融50人论坛．中国养老金融50人论坛2016年年会会议发言材料．北京：中国证券投资基金业协会，2016：37-41．

［162］钟蓉萨．行业就是力量　共同踏上个人养老金繁荣发展的新征程［C］//中国养老金融50人论坛．养老金融评论（2019年第一辑）．北京：中国证券投资基金业协会，2019：6．

［163］周海珍，吴俊清．个人税收递延型商业养老保险受益群体和财政负担分析——基于新旧个人所得税税制的比较［J］．保险研究，2019（8）：70-80．

［164］周海珍，吴美芹．金融素养个人养老准备与商业养老保险决策［J］．金融与经济，2020（3）：35-42．

［165］周惠萍，刘颖奥．第三支柱养老金发展问题及路径探讨［J］．劳动保障世界，2019（30）：23-24．

［166］周建再，胡炳志，代宝珍．我国商业养老保险个税递延研究——以江苏省为例［J］．保险研究，2012（11）：3-12．

［167］周琳．养老金产品多元多样是趋势［N］．经济日报，2019-06-17（13）．

［168］周志凯．养老金个人账户制度研究［M］．北京：人民出版社，2009．

［169］朱海扬. 我国个人税收递延型养老保险实施成功要素的探讨 ［J］. 上海保险, 2017 (12)：8 - 11.

［170］朱俊生. 构建多层次养老保险体系：国际经验与中国实践 ［J］. 老龄科学研究, 2017 (6)：3 - 14.

［171］朱俊生. 破解养老金第三支柱发展的制约因素 ［J］. 中国社会保障, 2020 (7)：38 - 39.

［172］朱俊生. 完善税收递延型商业养老保险发展的政策环境 ［J］. 中国保险, 2019 (8)：8 - 14.

［173］朱龙培. 农村养老保障体系中商业保险参与性不足的困境 ［J］. 农村经济, 2012 (8)：89 - 91.

［174］AntIer J, Kahane Y. The gross and net replacement ratios in designing pension schemes and in financial planning ［J］. The Journal of Risk and Insurance, 1987, 54 (2)：283 - 297.

［175］Anton J, Munoz D B, Fernandez-Macias E R. Supplementary Private pensions and saving：evidence from Spain ［J］. Journal of Pension Economics & Finance, 2014：46 - 50.

［176］Attanasio O P, Deleire T. The effect of individual retirement accounts on household consumption and national saving ［J］. Economic Journal, 2002：14 - 17.

［177］Banterle C B. Incentives to contributing to supplementary pension funds：going beyond tax incentives ［J］. The Geneva Papers on Risk and Insurance—Issues and Practice, 2002, 27 (4)：555 - 570.

［178］Beattie R, McGillivray W. A risky strategy：reflections on the world bank report averting the old age crisis ［J］. International Social Security Review, 1995, 48 (3 - 4)：5 - 22.

［179］Benartizi S, Thaler R H. How much is investor autonomy worth?

170　养老保险第三支柱发展的财税激励政策研究

［J］. Journal of Finance, 2002, 57（4）: 1593 – 1616.

［180］ Blaufus K, Eichfelder S. Betriebliche altersvorsorge: steuerliche op-timierung der zuwendungspolitik bei pauschaldotierten Unterstützungskassen ［J］. Zeitschrift für Betriebswirtschaft, 2008, 78（9）: 875 – 900.

［181］ Blinder A S. Private pensions and public pensions: theory and fact ［R］. NBER Working Paper, No. 902, 1982.

［182］ Bourdieu P. The forms of capital ［M］//Richardson J G. Handbook of theory and research for sociology of education. New York: Greenwood Press, 1986.

［183］ Budd A, Campbell N. The roles of the public and private sectors in the UK pension system ［M］//Feldstein M. Privatizing social security. Chicago: University of Chicago Press, 1998: 99 – 134.

［184］ Caminada K, Goudswaard K. Revenue effects of tax facilities for pension savings ［J］. Atlantic Economic Journal, 2008, 36（2）: 233 – 246.

［185］ Chen G, Hamori S. Formal and informal employment in urban China: income differentials ［M］. Springer Berlin Heidelberg, 2014.

［186］ Copeland C. 401（k） – type plans and Individual Retirement Accounts（IRAs）［J］. Social Science Electronic Publishing, 2007: 2 – 13.

［187］ Cremer H, Pestieau P. Taxing pensions ［Z］. CESifo Working Paper, No. 5930, 2016.

［188］ Davis P. Pension funds: Retirement – income security and capital markets ［J］. Economica, 1995（1）: 245 – 258.

［189］ Daykin C. Taxing pensions of an internationally mobile labor force: Portability issues and taxation options ［R］. CESifo Working Paper, No. 5715, 2016.

［190］ Dicks-Mireaux L, King M. Portfolio composition and pension wealth:

An econometric study [R]. NBER Working Paper, No. 0903, 1982.

[191] Dicks-Mireaux L, King M. The effect of Individual Retirement Accounts on household consumption and national saving [J]. Economic Journal, 2010, 112 (481): 504 – 538.

[192] Directorate-general for Internal Policies. Pension schemes, policy department A: Economic and scientific policy [R]. European Parliament, 2014.

[193] Dominguez-Barrero F, Lopez-Laborda J. Why do people invest in personal pension plans? [J]. Applied Economics, 2007 (39): 9.

[194] Dorfman M C, Holzmann R. China's pension system: A vision [R]. Word Bank Publications, 2013.

[195] Du C, Muysken J, Sleijpen O C H M. Economy wide risk diversification in a three-pillar pension system [R]. Working paper: METEOR, Maastricht University School of Business and Economics, No. 55, 2010.

[196] European Commission. Pension adequacy report 2018 – current and future income adequacy in old age in the EU [R]. European Commission, 2018: 49, 112.

[197] Gale W G, Scholz J K. Intergenerational transfers and the accumulation of wealth [J]. Journal of Economic Perspectives, 1994, 4 (8): 145 – 160.

[198] Gale W G, Scholz J K. IRAs and household saving [J]. American Economic Review, 1994, 84 (5): 1233 – 1260.

[199] Genser B, Holzmann R. Taxing German old – age pensions fairly and efficiently [R]. CESifo DICE Report, 2020.

[200] Goda G, Ramnath S, Shoven J B. The financial feasibility of delaying social security: evidence from administrative tax data [J]. Journal of Pen-

sion Economics & Finance, 2018: 26 - 31.

[201] Gravelle J G. Do individual retirement accounts increase savings? [J]. The Journal of Economic Perspectives, 1991, 5 (2): 133 - 148.

[202] Holden S, Schrass D. The role of IRAs in U. S. households' saving for retirement [M]. Social Science Electronic Publishing, 2016.

[203] Holzmann R. The World Bank approach of pension reform [J]. The World Bank discussion paper, No. 9807, 2016.

[204] Horlick M, Skolnik A M. Private pension plans in West Germany and France [R]. Washington: Research report No. 36, office of research and statistics, social security administration, 1971: 6.

[205] Horlick M. Mandating private pensions: experience in four European countries [J]. Social security bulletin, 1979, 42 (3): 18 - 29.

[206] Hrung W B. Income uncertainty and IRAs [J]. International Tax and Public Finance, 2002: 23 - 26.

[207] Hrung W B. Information and IRA participation: the influence of tax preparers [J]. Journal of Public Economics, 2001, 80 (3): 467 - 484.

[208] Hung J. Taxable and tax-deferred investing: a tax-arbitrage approach [J]. Review of Financial Studies, 2008, 21 (5): 2173 - 2207.

[209] ILO. The ILO multi-pillar pension model: Building equitable and sustainable pension systems, social protection for all issuebrief [R]. Geneva: Protection department, International labor organization, 2018.

[210] Joulfaian D, Richardson D. Who takes advantage of tax - deferred saving programs? Evidence from federal income tax data [J]. National Tax Journal, 2001, 54 (3): 669 - 688.

[211] Kitao S. Pension reform and Individual Retirement Accounts in Japan [J]. Journal of the Japanese and International Economies, 2015, 38 (12):

111 - 126.

［212］Kumawat R. The third pillar: How markets and the state leave the community behind ［J］. FIIB Business Review, 2020, 9 (2): 102 - 103.

［213］Kwall J L. The value of tax deferral: a different perspective on Roth IRAs ［J］. Journal of Financial Planning, 1998 (4): 17 - 26.

［214］Lusardi A. Saving and the effectiveness of financial education, pension design and strcture: new lessons from behavioral finance ［M］. Oxford University Press, 2004.

［215］Malliaris A G, Malliaris M E. Investment principles for individual retirement accounts ［J］. Journal of Banking & Finance, 2008, 32 (3): 393 - 404.

［216］Moore K L. A closer look at the IRAs in state automatic enrollment IRA programs ［J］. Connecticut Insurance Law Journal, 2016: 31 - 33.

［217］Mullen H J. Pensions: Backgrounds trends and issues ［M］. Nova Science Publishers, 2010.

［218］Mundell A H, Sanden A, Lapstone E. How important are private pensions? Issue brief 2002 - 2008 ［M］. Boston: Center for Retirement Research at Boston College, 2009.

［219］Myles J, Pierson P. The comparative political economy of pension reform ［J］. The New Politics of the Welfare State, 2005: 378.

［220］Niggemeyer B, Radtke M, Reich A. Applications of risk theory and multivariate analysis in insurance practice ［J］. Applied Stochastic Models and Data Analysis, 1995 (11): 231 - 244.

［221］OECD. Maintaining prosperity in an ageing society ［R］. Paris: OECD Publishing, 1998: 110, 133.

［222］OECD. Pension at a glance 2021 - OECD and G20 indicators ［R］.

Paris: OECD Publishing, 2021: 141.

[223] OECD. Pension at a glance-public policies across OECD countries [R]. Paris: OECD Publishing, 2005: 28.

[224] OECD. Pension markets in focus 2021 [R]. Paris: OECD Publishing, 2021: 6.

[225] OECD. Private pensions: OECD classification and glossary [R]. Paris: OECD Publishing, 2005: 28 – 33.

[226] Pensions Policy Institute. The long-term cost and dpending implications of the single-tier pension PPI single tier series [R]. Paper No. 6, 2014: 19 – 22.

[227] Pfarr C, Schneider U. Choosing between subsidized or unsubsidized private pension schemes: evidence from German panel data [J]. Journal of Pension Economics & Finance, 2013: 21 – 27.

[228] Pollner B A. Tax reform and retirement income replacement ratios [J]. Journal of Risk & Insurance, 1989, 56 (4): 702.

[229] Poterba J M, Venti S F, Wise D A. How retirement saving programs increase saving [J]. Journal of Economic Perspectives, 1996: 56 – 61.

[230] Queisser M, Vittas D. The Swiss multi-pillar pension system-triumph of common sense? [R]. Finance: World Bank, policy research working paper, 2000: 2 – 5.

[231] Rainmaker Information. Rainmaker fee review [M]. Marchquarter, 2009.

[232] Sarah H, Schraws D. The role of IRAs in US households' saving for retirement, 2016 [R]. ICI Research Perspective, 2017.

[233] Sauter N, Walliser J, Winter J. Tax incentives, bequest motives, and the demand for life insurance: evidence from a natural experiment in Germa-

ny [J]. Journal of Pension Economics & Finance: Household Finance, 2015, 14 (4): 525 −553.

[234] Schultz T. Investment in human capital [J]. The American Economic Review, 1961 (51): 1 −17.

[235] Sinn H. The crisis of Germany's pension insurance system and how it can be resolved [Z]. NBER Working Paper No. 7304, 1999: 8.

[236] Skolnik A. Private pension plans 1950 −1974 [J]. Social Security Bulletin, 1976, 39 (6): 3 −17.

[237] Social Security Administration. The distribution consequences of a "no-action" scenario [J]. Policy Brief, 2004 (1): 2.

[238] Vitaas D, Slier M. Personal pension plans and stock market volatility [C] //Holzmann R, Stiglitz J. New ideas about old-age security. Washington, DC: World Bank, 2001.

[239] Wang H, Koo B, O'Hare C. Retirement planning in the light of changing demographi [J]. Economic Modelling, 2016 (52): 749 −763.

[240] Watson W T. Global pension assets study [R]. 2017.

[241] Wiley J. Improving customer communication [J]. Banks in Insurance Report, 1999, 15 (1): 1 −16.

[242] William R. Six Pillars of social policy: the state of pensions and health care in Canada [J]. The State of Economics in Canada: Festschrift in Honour of David Slater, 2001.

[243] Williamson J B, Meghan P, Shen C. Pension policy in China, Singapore and South Korea: an assessment of the potential value of the notional defined contribution model [J]. Journal of Aging Studies, 2012, 26 (1): 79 −89.

[244] Willmore L. Three pillars of pension? Aproposal to end mandatory contributions [J]. SSRN Electronic Journal, 2000 (13).

［245］ Wise D A. Facing the age wave and economic policy: fixing public pension systems with healthcare in the wings ［J］. Fiscal Studies, 2005, 26 (1): 5 – 34.

［246］ Yoo K, Serres A. Tax treatment of private pension savings in OECD countries ［R］. OECD Economic Studies, 2005.

图书在版编目（CIP）数据

养老保险第三支柱发展的财税激励政策研究／郑岩
著．－－北京：经济科学出版社，2024.5
ISBN 978 - 7 - 5218 - 5749 - 8

Ⅰ.①养… Ⅱ.①郑… Ⅲ.①养老保险制度 - 财政政
策 - 研究 - 中国 Ⅳ.①F842.612

中国国家版本馆 CIP 数据核字（2024）第 066243 号

责任编辑：初少磊　尹雪晶
责任校对：靳玉环
责任印制：范　艳

养老保险第三支柱发展的财税激励政策研究
YANGLAO BAOXIAN DISAN ZHIZHU FAZHAN DE CAISHUI JILI ZHENGCE YANJIU
郑 岩 著
经济科学出版社出版、发行　新华书店经销
社址：北京市海淀区阜成路甲 28 号　邮编：100142
总编部电话：010 - 88191217　发行部电话：010 - 88191522
网址：www. esp. com. cn
电子邮箱：esp@ esp. com. cn
天猫网店：经济科学出版社旗舰店
网址：http：//jjkxcbs. tmall. com
北京季蜂印刷有限公司印装
710 × 1000　16 开　11.5 印张　153000 字
2024 年 5 月第 1 版　2024 年 5 月第 1 次印刷
ISBN 978 - 7 - 5218 - 5749 - 8　定价：48.00 元
（图书出现印装问题，本社负责调换。电话：010 - 88191545）
（版权所有　侵权必究　打击盗版　举报热线：010 - 88191661
QQ：2242791300　营销中心电话：010 - 88191537
电子邮箱：dbts@ esp. com. cn）